Fleischgerichte
zart & saftig

Brandneue Genuss-Rezepte
für große und kleine Stücke

Text	Styling & Fotografie
Christina Kempe	**Studio L'EVEQUE Tanja & Harry Bischof**

Titelbild

Das auf dem Umschlag links abgebildete »Roastbeef mit Kräuter-Salz-Kruste« finden Sie auf Seite 87, den »Marinierten Gemüse-Mix« rechts auf Seite 119.

Was Sie schon immer über Fleisch wissen wollten …

… von Nährstoffen bis Cholesterinwerte, von Tiertransporten bis Qualitätskontrollen!

Fleisch hat viele Vitamine … Fleisch ist tatsächlich ein Stück »Lebenskraft« mit vielen Vitaminen und Mineralstoffen. Und es spielt eine besonders wichtige Rolle als Eiweißlieferant: So kann der Körper z. B. aus 100 g Rindfleisch 92 % Körpereiweiß bilden! Die Vitamine B_1, B_2, B_{12} und Niacin sind in allen Fleischsorten in relativ hoher Konzentration enthalten – und den lebenswichtigen Mineralstoff Eisen kann man aus Fleisch besonders gut aufnehmen.

… und wenig Kalorien! Nächstes Plus: Fleisch ist relativ fett- und kalorienarm. Der mittlere Fettgehalt von Schweinefleisch liegt bei 10,5 %, der von Kalbfleisch nur bei 6 %. Manche Fleischstücke sind sogar absolut diättauglich: So enthalten etwa 100 g Kalbsschnitzel lediglich 100 Kilokalorien! Häufig überschätzt werden dagegen die Cholesterinwerte. Dabei können die allermeisten Fleischstücke mit Werten zwischen 43 und 80 Milligramm pro 100 g selbst bei streng cholesterinarmer Ernährung genossen werden.

Am besten Fleisch aus der Umgebung …
Die Verbraucher hierzulande bevorzugen Fleisch aus Deutschland, am besten gleich aus ihrer Region. Ein wichtiger Aspekt ist der Tierschutz. Denn 80–90 % der heimischen Schlachttiere sind nur 2–3 Stunden, die restlichen maximal 6 Stunden unterwegs. Das verringert den Stress für die Tiere – und verbessert die Fleischqualität. Fleisch aus Deutschland unterliegt zudem hohen Qualitäts- und Sicherheitsstandards und wird regelmäßig streng kontrolliert.

… und mit Prüfzeichen! Die gute Qualität von Fleisch und Fleischwaren erkennt man z. B. am »QS-Prüfzeichen«, bei dem – vom Futter über die Schlachtung bis zum Lebensmitteleinzelhandel – die Einhaltung festgelegter QS-Kriterien kontrolliert wird. Neben der Eigenkontrolle aller beteiligten Unternehmen und einer neutralen Kontrolle durch unabhängige Institute prüft zusätzlich eine dritte, übergeordnete Ebene die Funktionsfähigkeit des gesamten Systems.

So erkennt man Qualität … Ganz wichtig: Beim Fleischkauf immer bewusst auf Qualität achten, d. h. neben der Herkunft auch auf das Aussehen. So sollte frisches Fleisch immer ansprechend wirken, keinen auffallenden Geruch haben und keinen Saft verlieren! Und die Farbe muss dem Alter des Schlachttieres sowie der Fleischsorte entsprechen: Kalbfleisch rosa bis hellrot, gut abgehangenes Rindfleisch dunkelrot, Schweinefleisch hellrot bis rot und Lammfleisch lachsfarben bis hellrot.

… und weiß, was man kauft! Bei verpacktem Fleisch ist der Blick auf das Etikett unverzichtbar. Hier finden sich alle wichtigen Angaben – vom Prüfzeichen bis zum Mindesthaltbarkeitsdatum und bei Rindfleisch auch noch Angaben zur Rückverfolgung: von der Kennnummer des Tieres bis zur Zulassungsnummer des Schlacht- bzw. Zerlegebetriebes. Noch mehr Informationen rund ums Fleisch gibt es auch bei der CMA, Centrale Marketing-Gesellschaft der deutschen Agrarwirtschaft, unter www.cma.de.

Material & Funktion

Kochgeschirr aus rostfreiem **Edelstahl** ist schwer, stabil und pflegeleicht. Hat es keinen dicken Thermikboden, leitet es die Hitze allerdings nicht ganz so gut und gleichmäßig wie Geschirr aus **Gusseisen.** Dafür muss dieses nach jedem Gebrauch gründlich gesäubert und geölt werden, damit es nicht rostet. Ausnahme: Es ist mit einer Emaille-, Titan- oder Keramikversiegelung versehen. Dann sind nicht nur Rostfreiheit garantiert, sondern auch beste Antihafteigenschaften und Kratzfestigkeit. Eine gute Alternative dazu ist die **Kombilösung:** extrem leichter Aluguss gepaart mit dickem Boden und spezieller Beschichtung. In jedem Fall wichtig ist ein gut schließender **Deckel,** damit das Gargut im Topf saftig und geschmackvoll bleibt. Ein extra Plus: **Kaltmetall-Griffe.** Sie ermöglichen auf dem Herd ein Hantieren ohne Topflappen und zudem die Verwendung im Backofen.

1 | Töpfe

Zur Grundausstattung gehört ein hoher **Kochtopf** (6–8 l), in dem große Fleischstücke garen und Brühen und Eintöpfe kochen können. Dazu gesellt sich ein etwas kleinerer **Schmortopf** (5–6 l), der die Wärme intensiv speichert, sodass Gulasch & Co. schön langsam garen. Gut für Saucen: eine **Stielkasserolle.**

2 | Bräter & Bratreine

Ein guter **Bräter** lässt sich auf dem Herd wie im Backofen verwenden. Ob oval oder rund – er sollte so groß sein, dass Schweinebraten & Co. gut Platz haben. **Bratreinen** haben einen niedrigen Rand, sind eckig und nur für den Ofen geeignet.

3 | Pfanne

Am besten eine **große Pfanne** wählen, dann passt bestimmt alles rein. Ist der Rand etwas höher und gibt es einen Deckel dazu, eignet sie sich auch gut zum Schmoren. Spezielle **Grillpfannen** mit Längsrillen geben Steak & Co. das typische Grillmuster. Fürs fixe Pfannenrühren perfekt: ein **Wok.**

4 | Messer

Keinesfalls fehlen darf ein **Koch-** oder **Fleischmesser** mit langer und stabiler Klinge (ca. 20 cm), um rohes und gegartes Fleisch, aber auch Gemüse zu schneiden. Mit einem **Universalmesser** mit spitzer, schmaler Klinge (ca. 15 cm) können Häute und Sehnen entfernt und das Fleisch gespickt werden. Ein **Gemüse-** oder **Schälmesser** (6–8 cm) etwa fürs Zwiebelschälen macht die Grundausstattung perfekt. Bei allen Messern **das A und O:** Sie müssen gut in der Hand liegen und superscharf sein. Darum nicht in die Geschirrspülmaschine stecken, sofort nach Gebrauch säubern und regelmäßig (fachgerecht) nachschleifen (lassen).

5 | Thermometer

Ein **Bratenthermometer** hilft bei der Überprüfung des Garzustands bzw. der Kerntemperatur des Fleischstücks (s. auch S. 16). Ist es digital, geht das ganz exakt. Um festzustellen, ob der Ofen die gewünschte Temperatur hat, ein **Ofenthermometer** mit hineinhängen.

Fleisch fürs Kurzbraten, Wokken & Grillen

Ob das Fleisch nun in wenig heißem Fett im Wok oder in der (Grill-)Pfanne gebraten oder bei starker Hitze über Holzkohlenglut oder unter dem Backofengrill gegrillt wird – geeignet sind nur kleinere Fleischstücke, die eine kurze Garzeit benötigen. Greifen Sie am besten zu:

1 | Schweinefleisch

Schnitzel: Ober- und Unterschale, Nuss;
Scheiben: Schweinebauch (samt Schwarte) zum Grillen;
Spareribs: Schweinebauch samt Knochen in Leiterchen (geteilte Rippchen) oder Schälrippchen, Brustspitz samt Knochen in Rippen;
Steaks: ausgelöster Nacken;
Koteletts: samt Knochen aus dem Nacken, aus dem Rücken Stiel- und Lummerkoteletts mit und ohne Knochen;
Medaillons: Filet;
Geschnetzeltes & Fondue: Oberschale, Nuss und Filet.

2 | Kalbfleisch

Schnitzel: Nuss, Oberschale, Unterschale, Hüfte und ausgelöster Kalbsrücken;
Scheiben: vordere und hintere Kalbshaxe, Kalbsleber;
Steaks: Rolle (aus der Unterschale), Hüfte und Kotelettstück (auch Karree);
Medaillons: Filet;
Geschnetzeltes & Fondue: Nuss, Oberschale, Hüfte, Filet.

3 | Rindfleisch

Scheiben: Endstück der Unterschale, Bürgermeisterstück und Rinderleber;
Steaks: Filetsteaks, Chateaubriands, Tournedos und Filets Mignon aus dem Rinderfilet; Entrecôtes oder Rumpsteaks aus dem flachen Roastbeef, Hüftsteaks, Beefsteaks aus der Oberkeule, Prime Rib- und Rib-eye-Steaks aus der Hochrippe, T-Bone- und Porterhouse-Steaks mit Knochen aus der Hüfte;
Geschnetzeltes & Fondue: Oberschale, Nuss, Tafelspitz und Bürgermeisterstück.

4 | Lammfleisch

Scheiben: aus der Keule;
Koteletts: Nacken, aus dem Kotelettstück in einfache Koteletts (Chops) oder Lendenkotelett in Schmetterlingkoteletts geschnitten;
Steaks: ausgelöster Rücken;
Medaillons: größere Filets;
Geschnetzeltes & Fondue: Keule, Filet;
Spareribs: Brust in Rippchen.

5 | Geflügel

Schnitzel & Steaks: Putenbrust;
Geschnetzeltes & Fondue: Hähnchen- und Putenbrust;
Ganze Teile: Brust von Ente und Hähnchen, Hähnchenflügel (Chickenwings), Hähnchenschenkel und -unterkeulen.

6 | Wild

Schnitzel und Medaillons: ausgelöster Rücken und Keule von Wildkaninchen, Wildhase, Reh, Hirsch und Wildschwein;
Geschnetzeltes: Keule von Wildkaninchen, Wildhase, Reh, Hirsch und Wildschwein.

Fleisch fürs Garziehen & Kochen

Alle Fleischstücke mit festem Bindegewebe und durchzogen mit feinen und gröberen Fettäderchen sind genau das Richtige fürs sehr sanfte Garziehen knapp unter dem Siedepunkt (Pochieren) oder fürs Garkochen in der wallenden Flüssigkeit, von der bei beiden Garmethoden stets reichlich vorhanden sein sollte. Die dabei entstehende sehr schmackhafte Brühe wird fast immer mitverwendet und kann die beste Basis für Eintöpfe und Suppen sowie das letzte i-Tüpfelchen für Siedfleischgerichte sein. Das Fleisch kommt dann nach dem Garen hauptsächlich klein gewürfelt samt Gemüse, Teigwaren, Hülsenfrüchten und anderem zur Brühe in den Topf, oder es wird in Scheiben geschnitten und auf den Esstellern oder einer großen Platte mit etwas Brühe beschöpft. Dafür geeignet sind:

1 | Schweinefleisch

Suppen & Eintöpfe: zum deftigen Anreichern Spitzbein und Schweinebauch in Scheiben mit und ohne Schwarte, flaches Schulterstück mit und ohne Knochen;
Siedfleischgerichte: aus dem Rücken Lummer- und Lendenkotelettstück sowie Stielkotelettstück samt den Knochen in Koteletts geschnitten – gepökelt sowie gepökelt und geräuchert als Kassler; Brustspitz (vorheriges Marinieren macht das Fleisch noch zarter), meist gepökelt oder geräuchert im Handel; vordere und hintere Schweinehaxe (Eisbein), ebenfalls meist gepökelt.

2 | Kalbfleisch

Suppen & Eintöpfe: Nacken, Kalbsbrust mit und ohne Knochen;
Siedfleischgerichte: Beinscheiben, Kalbsbrust mit und ohne Knochen.

3 | Rindfleisch

Suppen & Eintöpfe: Beinfleisch und Beinscheiben, Schaufelstück, Schaufeldeckel, dickes Bugstück samt Deckel, Nacken, Hoch- und Fehlrippe mit und ohne Knochen, alle Teile der Brust;
Siedfleischgerichte: Tafelspitz (spitz zulaufendes Schwanzstück aus der Hüfte), Bürgermeisterstück, Beinscheiben.

4 | Lammfleisch

Suppen & Eintöpfe: ausgelöster Kamm, Lammschulter, Lammkeule ganz und in Scheiben, Hals und Nacken, ausgelöste Brust;
Siedfleischgerichte: Lammkeule ganz und in Scheiben.

5 | Geflügel

Suppen & Eintöpfe: im Ganzen Suppenhuhn oder Poularde, Brust von Pute und Hähnchen oder Poularde;
Siedfleischgerichte: Brust von Pute und Hähnchen oder Poularde.

Fleisch fürs Schmoren

Durchwachsene Fleischstücke mit festem Bindegewebe – egal ob groß oder klein – sind optimal fürs Schmoren: einfach in wenig heißem Fett kräftig anbraten, damit sich die Poren schließen, der Saft im Fleisch bleibt und Röststoffe entstehen. Dann mit nicht zu viel Flüssigkeit aufgießen und bei geringer Hitze im geschlossenen Topf sanft fertig garen. Fragen Sie am besten nach:

1 │ Rindfleisch

Schmorbraten: Oberschale mit und ohne Deckel, Unterschale, Nuss, Hüfte – sehr gut eingelegt; Schaufelstück, dickes Bugstück, falsches Filet, Hochrippe mit und ohne Knochen, Schwanzrolle, Tafelspitz und Bürgermeisterstück;
Gulasch & Ragouts: Deckel der Oberschale, Unterschale, Schaufeldeckel, dickes Bugstück, Hüfte mit Deckel, ausgelöster Nacken, Ochsenschwanz, Bürgermeisterstück, Beinfleisch, Wade, Rinderleber;
Rouladen: Oberschale, Unterschale, Nuss, Hüfte, dickes Bugstück, Schwanzrolle;
Scheiben: Schulter und Keule.

2 │ Kalbfleisch

Schmorbraten: Nuss, Frikandeau (aus der Unterschale) und Hüfte – möglichst gespickt oder mit Speck belegt, vordere oder hintere Haxe, Brust (am besten mit Knochen), Nacken, dicke Schulter, Schaufelstück und Schaufeldeckel;
Gulasch & Ragouts: Frikandeau (aus der Unterschale), Brust, Nacken, alle Teile aus der Schulter, Schaufelstück und Schaufeldeckel, Dünnung, Kalbsleber;
Rouladen: Oberschale, Frikandeau (aus der Unterschale);
Scheiben: vordere oder hintere Haxe (Ossobuco).

3 │ Schweinefleisch

Schmorbraten: ausgelöster Nacken, ausgelöste Schulter, falsches Filet, dickes Schulterstück, flaches Schulterstück mit und ohne Knochen, Nuss, Hüfte, Brustspitz mit und ohne Knochen (auch gefüllt oder mariniert), gepökeltes Stiel- und Lummerkotelett mit und ohne Knochen (gepökelt und geräuchert als Kassler);
Gulasch & Ragouts: Nacken, Schulter, Ober- und Unterschale, Hüfte, Brustspitz.

4 │ Lammfleisch

Schmorbraten: Keule (am besten mit Knochen, aber auch ausgelöst und gefüllt), Schulter mit und ohne Knochen, Haxe;
Gulasch & Ragouts: Schulter, ausgelöster Kamm, Hals und Nacken;
Scheiben: Keule und Haxe.

5 │ Geflügel

Schmorbraten: Keulen von Pute, Gans, Ente, Hähnchen;
Gulasch & Ragouts: Brust von Pute und Hähnchen;
Rouladen: Brust von Pute.

6 │ Wild

Schmorbraten: Keulen von Wildkaninchen, Wildhase, Reh, Hirsch und Wildschwein; Schulter von Reh, Hirsch und Wildschwein; Hirschhals – alles samt Knochen;
Gulasch & Ragouts: Bauch und Hals von Wildkaninchen, Wildhase, Reh, Hirsch und Wildschwein; Schulter und Keule von Hirsch, Reh und Wildschwein – alles ausgelöst.

Fleisch fürs Ofenbraten

Die heiße Backofenluft macht es möglich – sie lässt vor allem große Fleischstücke gar, knusprig und herrlich aromatisch werden. Sind die Stücke von Fett durchzogen, bleiben sie beim Braten besonders saftig. Mageres Fleisch am besten mit Speckstreifen spicken oder in Speckscheiben »einhüllen« (bardieren), um ein Austrocknen zu verhindern. Passende Stücke sind:

1 | Schweinefleisch

Ohne Speck: dickes Schulterstück (mit und ohne Knochen oder Schwarte), Bauch, Unterschale mit Fett und Schwarte, Filet, Stiel- und Lendenkotelett am Stück (auch Karree), ausgelöste Lende oder Nierenstück, Brustspitz mit und ohne Knochen (eventuell marinieren), gepökelte Haxe (auch Eisbein);
Mit Speck: Oberschale, Unterschale ohne Fett und Schwarte, Nuss, Hüfte, Filet;
Mit Füllung: Brustspitz;
Rollbraten: flache Schulter, dickes Schulterstück (ausgelöst, ohne Schwarte), ausgelöster Nacken, Bauch (ohne Rippen und Schwarte).

2 | Kalbfleisch

Ohne Speck: Filet, ausgelöster Rücken oder Lende, Kotelettstück (auch Karree) samt Knochen, Haxen, Brust samt Knochen, Nacken, dicke Schulter, falsches Filet, Schaufelstück;
Mit Speck: Nuss, Frikandeau und Rolle (aus Unterschale), Oberschale und Hüfte;
Mit Füllung: ausgelöste Brust;
Rollbraten: Bauch;
Scheiben: Haxen.

3 | Rindfleisch

Ohne Speck: Oberschale mit Deckel, Deckel der Oberschale, Tafelspitz, Nacken, Hoch- und Fehlrippe (mit Knochen noch saftiger), Hüfte, Roastbeef und Filet;
Mit Speck: Filet, Nuss, Ober- und Unterschale, falsches Filet;
Scheiben: Beinscheiben.

4 | Wild

Ohne Speck: Rücken und Keule von Wildkaninchen, Wildhase, Reh, Hirsch und Wildschwein – mit Knochen;
Mit Speck: Rücken von Wildkaninchen, Wildhase, Reh, Hirsch und Wildschwein – ohne Knochen.

5 | Lammfleisch

Ohne Speck: Keule (sehr gut mit Knochen), im Ganzen ausgelöster Rücken (mit Rückenfett verbunden), Kotelettstück zur Krone gebunden, Lendenkotelett (»Loin«) samt Rückenfett (das Fett nach dem Braten entfernen), Schulter mit und ohne Knochen (vor der Zubereitung untere Fettschicht entfernen; ausgelöst binden, damit das Fleisch zusammenhält), ausgelöste Brust, Haxen;
Mit Füllung: ausgelöste Keule und Brust;
Rollbraten: im Ganzen ausgelöster Rücken (noch mit Rückenfett verbunden), ausgelöste Brust;
Scheiben: Haxen.

6 | Geflügel

Ohne Speck: Brathähnchen, Ente, Gans und Babypute – im Ganzen, Brust und Keule; Putenflügel;
Mit Speck: Putenbrust;
Mit Füllung: Brathähnchen, Ente, Gans und Baby-Pute – im Ganzen, Putenbrust;
Rollbraten: Putenbrust.

Fleisch fürs Niedrigtemperaturgaren

Simpel & voll im Trend: Garen im Ofen bei geringer Hitze (80–100°). Besonders sehr große Bratenstücke und mageres Fleisch profitieren davon – alles bleibt zart und saftig. Bevor das Fleisch aber für längere Zeit im vorgeheizten Backofen verschwindet, wird es auf dem Herd rundherum angebraten, damit sich die Poren schließen können, eine Kruste entsteht und der Saft im Fleisch bleibt. Ideale Stücke sind:

1 | Schweinefleisch

Steaks: ausgelöster Nacken;
Medaillons: Filet;
Braten: Nuss, Filet, Hüfte, Oberschale, Unterschale ohne Fett und Schwarte.

2 | Kalbfleisch

Steaks: Rolle (aus der Unterschale), Kotelettstück (auch Karree), Hüfte;
Medaillons: Filet;
Braten: Nuss, Frikandeau und Rolle (aus der Unterschale), Oberschale, Hüfte, Filet.

3 | Rindfleisch

Steaks: Filetsteaks, Chateaubriands, Tournedos und Filets Mignon aus dem Rinderfilet; Entrecôtes oder Rumpsteaks aus dem flachen Roastbeef; Hüftsteaks aus der Hüfte; Beefsteaks aus der Oberkeule; Prime Rib- und Rib-eye-Steaks aus der Hochrippe; T-Bone- und Porterhouse-Steaks mit Knochen aus der Hüfte;
Braten: Rinderfilet, Roastbeef, Hüfte.

4 | Lammfleisch

Steaks: ausgelöster Rücken;
Medaillons: größere Filets;
Braten: Lammlachs (ausgelöster Teil des Rückens), Lammfilet.

5 | Geflügel

Braten: Brust von Ente, Pute und Hähnchen.

6 | Wild

Medaillons: ausgelöster Rücken von Wildkaninchen, Wildhase, Reh, Hirsch und Wildschwein;
Braten: Rücken von Wildkaninchen, Wildhase, Reh, Hirsch und Wildschwein.

Besonders clever!

Da man hier das Fleisch meist rosa gart, ist **1a-Qualität** sehr wichtig. Dazu sollte es bis zum Zeitpunkt der Zubereitung **Raumtemperatur** haben, also rechtzeitig aus dem Kühlschrank holen. Ansonsten verlängert sich die Garzeit, da es im Inneren noch zu kalt ist. Prüfen Sie, ob Ihr Ofen bei Ober- und Unterhitze (Umluft ist nicht geeignet) **konstant 80°** halten kann. Sinkt etwa die Temperatur ab, verlängert sich die Garzeit, bei 60° geht sogar gar nichts mehr. Beim Überprüfen hilft ein Backofenthermometer. Und: Damit Braten, Steaks & Co. ganz gleichmäßig garen, immer so in den Ofen einschieben, dass sie sich in der Ofenmitte befinden. Und bitte nicht abdecken! Möchten Sie genau wissen, wann das Fleisch fertig ist, einfach ein Bratenthermometer in die dickste Stelle des Fleischstücks stechen und dieses so lange im Ofen lassen, bis die gewünschte Kerntemperatur erreicht ist. Diese variiert von Fleischsorte zu Fleischsorte und auch bei den Teilstücken. Am besten im Internet nachsehen, dort gibt's diverse Listen.

Bratenjus

Passt zu: Kalb, Rind oder Wild

Für 2 Schraubgläser (à 200 ml) **1 Zwiebel** und **2 Bund Suppengrün** waschen, schälen und grob würfeln. **1 Bund Petersilie** und **1 1/2 kg Knochen** (vom Kalb, Rind oder Wild) waschen. **1 Knoblauchzehe** schälen. Alles mit **2 Lorbeerblättern** in einem Schmortopf 45 Min. im 250° heißen Ofen (am besten Umluft) rösten. **200 ml Wein** und 1 1/2 l Wasser angießen, **2 EL Tomatenmark** einrühren. Auf dem Herd bei mittlerer Hitze ca. 1 1/2 Std. einkochen lassen. Durch ein Sieb gießen und das Fett abschöpfen. In Gläser füllen, kühl stellen (hält 6 Wochen). Bei Bedarf pro Portion 1 EL kurz aufkochen, mit **Pfeffer, Salz** und **Zucker** würzen.

Instant-Sauce

Passt zu: Schwein, Geflügel, Wild

Für 1 Schraubglas (200 ml) **1 Stange Lauch, 3 Möhren** und **2 Petersilienwurzeln** waschen, putzen. Mit **6 getrockneten Tomaten** (in Öl) sehr klein würfeln und in der Küchenmaschine sehr fein zerkleinern. Auf einem Backblech verteilen und im 100° heißen Ofen (am besten Umluft) ca. 1 1/2 Std. rösten. Ausschalten, Tür einen Spalt öffnen, Gemüse über Nacht trocknen lassen. Dann mit **3 gestr. EL Speisestärke, je 1 EL Salz** und **Zucker, je 1 TL Pfeffer, getrocknetem Oregano** und **edelsüßem Paprikapulver** in der Küchenmaschine pulverisieren. Ins Glas füllen (hält 3 Monate). Bei Bedarf 1 EL in 150 ml kaltes Wasser rühren, 2–3 Min. aufkochen.

Kräutersahne

Passt zu: Kalb, Schwein, Geflügel

Für 4 Portionen **1 Schalotte** schälen, fein würfeln und in **1 EL Olivenöl** glasig braten. Mit **1 TL Puderzucker** bestäuben und karamellisieren lassen. **200 g Sahne** dazugießen, aufkochen und bei starker Hitze unter Rühren 3–4 Min. einkochen lassen. **5 große Kräuterstängel** (z. B. Petersilie, Kerbel, Schnittlauch, Dill und/oder Basilikum) waschen und trocken schütteln, die Blätter fein hacken. Die Kräuter unter die Sahne mischen und mit **1 TL Apfelessig, Salz** und **Pfeffer** würzen. **Variante:** Wenn Sie die Hälfte der Sahne durch Gemüsebrühe ersetzen, wird die Sauce weniger gehaltvoll, mit Weißwein etwas feiner.

Buttrige
Weinsauce

Passt zu:
Rind, Lamm, Wild, Ente

Für 4 Portionen **1 kleine rote Zwiebel** schälen, fein würfeln und in **1 EL Butter** glasig braten. **200 ml Wein** (z. B. weißer oder roter Portwein, Madeira, kräftiger Rotwein, trockener Weißwein) und **100 ml Fleisch- oder Gemüsefond** (aus dem Glas) angießen und bei starker Hitze offen ca. 15 Min. einkochen lassen. Dann **1 EL Konfitüre** oder **Gelee** (z. B. Aprikosenkonfitüre, Quitten- oder Johannisbeergelee) unterrühren und **2 EL kalte Butterflöckchen** unterschlagen. Die Sauce mit **Salz, Pfeffer** und **2 TL Aceto balsamico** abschmecken. Noch einmal aufkochen lassen und servieren.

Zitronige
Pfeffersauce

Passt zu: Schwein,
Kalb, Rind, Geflügel, Lamm

Für 4 Portionen **1 Schalotte** schälen, fein würfeln und in **1 EL Olivenöl** glasig braten. Mit **300 ml Gemüse-** oder **Fleischfond** (aus dem Glas) ablöschen und bei starker Hitze offen etwa 15 Min. einkochen lassen. **1/2 Bio-Zitrone** heiß waschen und abtrocknen, die Schale fein abreiben und **2 EL Saft** auspressen. **1 Knoblauchzehe** schälen und durch die Presse drücken. **2 TL eingelegte grüne Pfefferkörner** (aus dem Glas), Zitronenschale und -saft sowie den Knoblauch unter die Sauce rühren und weitere 2–3 Min. kochen lassen. Die Sauce mit **Salz** und **2 TL Zucker** abschmecken.

Feine
Senfsauce

Passt zu: Schwein, Kalb, Geflügel

Für 4 Portionen **2 Frühlingszwiebeln** waschen und putzen. Die weißen Teile fein würfeln, die grünen in dünne Ringe schneiden. **1 EL Butter** zerlassen und die Zwiebelwürfel darin anbraten. Mit **1 TL Mehl** bestäuben, **200 ml Gemüse-** oder **Fleischfond** (aus dem Glas) angießen und bei kleiner Hitze 10 Min. kochen lassen. Dann die Zwiebelringe untermischen und die Sauce mit **Salz, Pfeffer** und **1 EL Senf** (z. B. Dijon-Senf, mittelscharfer körniger Senf) abschmecken. **Variante:** Nach Belieben noch mit 2 EL Crème fraîche oder Crème légère verfeinern, das macht die Senfsauce sahniger und milder.

Klein, aber oho!

Wenn's mal etwas weniger Fleisch sein soll: Hier sind die Stars vor allem Blattsalate, buntes Gemüse und Pizzafladen, aber auch goldbraune Burger-Brötchen und knusprige Weißbrotscheiben für feinste Crostini.

Für 4 Personen

1 kleine rote Zwiebel
1 Stange Staudensellerie
je 2 in Öl eingelegte, gegrillte
  Paprikaschoten und
  halb getrocknete Tomaten
  (aus dem Glas)
2 EL Tomaten- oder Paprikaöl
  (von dem eingelegten
  Gemüse)
1 EL Kapern (aus dem Glas)
1/2 Bund Schnittlauch
12 Scheiben Weißbrot
200 g Tatar (vom Rinderfilet;
  am besten vom Metzger
  frisch durchdrehen lassen)
1 TL Zitronensaft
Salz | Tabasco

Pikante Tatar-Crostini

feinwürzig | *im Bild links*
Zubereitung: ca. 30 Min. | Pro Portion: ca. 260 kcal

1 Die Zwiebel schälen, den Sellerie waschen und putzen. Beides mit den eingelegten Paprika und Tomaten in sehr kleine Würfel schneiden. Das Öl erhitzen und die Gemüsewürfel darin 2–3 Min. braten, abkühlen lassen.

2 Die Kapern fein hacken. Den Schnittlauch waschen, trocken schütteln und in Röllchen schneiden. Die Brotscheiben im Toaster, in der Grillpfanne bei mittlerer Hitze oder im 250° heißen Backofen (Mitte, Umluft 220°) knusprig rösten.

3 Das Tatar mit Gemüsewürfeln, Kapern und Schnittlauch vermischen. Mit Zitronensaft, Salz und Tabasco pikant abschmecken und auf den gerösteten Brotscheiben verteilen.

Schweinefleisch-Involtini
auf Blattsalaten

elegant-italienisch | *Zubereitung: ca. 50 Min.* | *Pro Portion: ca. 565 kcal*

Für 4 Personen

Für die Involtini:

1 kleine Zwiebel
1 Knoblauchzehe
8 Stangen grüner Spargel
3 EL Olivenöl
1–2 EL Zitronensaft
Salz | Pfeffer
8 kleine Schweineschnitzel
   (je 60 g, aus der Oberschale)
8 große, dünne Scheiben luftgetrockneter Schinken (z. B.
   Parma- oder Serranoschinken)

Für den Blattsalat:

250 g gemischte Blattsalate
   (z. B. Batavia, Eichblattsalat
   und Feldsalat)
120 g Champignons
6 EL Aceto balsamico
Salz | Pfeffer
2 TL Honig | 6 EL Olivenöl

Clever tauschen

Spargel nicht erwünscht? Dann
durch 250 g **Zuckerschoten** (in
ca. 1/2 cm breite Streifen geschnitten) ersetzen. Oder 200 g **Ricotta**
und 100 g **Kirschtomaten** in feinen
Scheiben gleichmäßig auf den
Schnitzeln verteilen.

1 Für die Involtini die Zwiebel und den Knoblauch schälen
und fein würfeln. Den Spargel waschen, im unteren Drittel
schälen und die Enden abschneiden. Die Spargelstangen
möglichst schräg in 2–3 mm dicke Scheiben schneiden.

2 In einer ofenfesten beschichteten Pfanne 1 EL Olivenöl erhitzen. Zwiebeln, Knoblauch und Spargel darin 3–4 Min.
glasig braten. Mit Zitronensaft, Salz und Pfeffer würzen,
beiseitestellen. Backofen auf 160° (Umluft 140°) vorheizen.

3 Die Schnitzel zwischen Klarsichtfolie mit dem Nudelholz
schön flach klopfen, leicht salzen und pfeffern. Den Spargel
gleichmäßig auf den Schnitzeln verteilen (**Bild 1**), diese von
einer Schmalseite her aufrollen. Die Pfanne säubern.

4 Jedes Schnitzelröllchen mit 1 Scheibe Schinken möglichst
straff umwickeln (**Bild 2**). Restliches Öl in der Pfanne erhitzen und die Involtini darin bei mittlerer Hitze 2–3 Min.
rundherum anbraten. In den Ofen (Mitte) schieben und
5 Min. garen. Dann Ofen ausschalten und die Involtini bei
leicht geöffneter Ofentür noch 6–8 Min. nachziehen lassen.

5 Inzwischen den Salat putzen, waschen, trocken schleudern
und in mundgerechte Stücke zupfen. Die Pilze putzen und
in hauchdünne Scheiben schneiden. Für die Vinaigrette
Essig, Salz, Pfeffer und Honig verrühren, zum Schluss das
Öl unterschlagen.

6 Den Blattsalat und die Champignons auf große Teller verteilen. Die Involtini schräg in dünne Scheiben aufschneiden (**Bild 3**) und fächerförmig auf dem Salat ausbreiten.
Die Vinaigrette gleichmäßig darüberträufeln.

Fitness-Salat
mit Putenfilet

fruchtig-frisch und kernig
Zubereitung: ca. 35 Min. | Pro Portion: ca. 285 kcal

Für 4 Personen

1 Stück Charentais-Melone (250 g)
150 g Kirschtomaten | 350 g Putenbrustfilet
200 g bunt gemischte Blattsalate (z. B. Rucola,
   Eichblatt, Feldsalat, Radicchio, Chicorée)
1 Mini-Salatgurke | 5 EL Aceto balsamico
Salz | Pfeffer | 5 EL Olivenöl
je 1 EL Sonnenblumen- und Kürbiskerne
1 Handvoll Sprossen (z. B. Alfalfa oder Rettich)

1 Die Melone schälen und entkernen. Das
   Fruchtfleisch in ca. 2 cm große Würfel
   schneiden. Die Tomaten waschen und halbieren. Das Putenfleisch waschen, trocken
   tupfen und in dünne Streifen schneiden.

2 Die Salate putzen, waschen, trocken schleudern und in mundgerechte Stücke zupfen.
   Die Gurke waschen und in Scheiben schneiden. Beides auf vier Teller verteilen. Essig
   mit Salz, Pfeffer und 4 EL Öl verrühren.

3 Die Sonnenblumen- und Kürbiskerne in
   einer Pfanne ohne Fett anrösten, herausnehmen. Restliches Öl erhitzen, das Fleisch
   darin ca. 5 Min. bei starker Hitze braten.
   Salzen und pfeffern, Tomaten und Melone
   dazugeben und noch 1–2 Min. braten.
   Auf die Teller verteilen. Die Kerne und
   die Sprossen über den Salat streuen und
   die Vinaigrette darüberträufeln.

Tabouleh
mit Lamm

orientalisch | Zubereitung: ca. 30 Min.
Marinieren: ca. 2 Std. | Pro Portion: ca. 510 kcal

Für 4 Personen

200 ml Gemüsebrühe (Instant) | 200 g Bulgur
1 Bund glatte Petersilie | 1/2 Bund Minze
4 große Tomaten | 1/2 Salatgurke
2 rote Zwiebeln | Saft von 3 großen Limetten
7 EL Olivenöl | Salz | Pfeffer
2 Knoblauchzehen
600 g Lammfilet (ersatzweise Lammlende)

1 Brühe erhitzen, Bulgur in einer Schüssel damit übergießen und 15 Min. quellen lassen.

2 Inzwischen Petersilie und Minze waschen
   und trocken schütteln, die Blätter abzupfen
   und grob hacken. Die Tomaten waschen
   und klein würfeln, dabei die Stielansätze
   entfernen. Gurke und Zwiebeln schälen
   und in kleine Würfel schneiden. Alles mit
   Limettensaft und 5 EL Olivenöl zum Bulgur
   geben, salzen, pfeffern und abgedeckt im
   Kühlschrank 1–2 Std. durchziehen lassen.

3 Den Knoblauch schälen und ins übrige Öl
   pressen. Das Lammfilet in dünne Scheiben
   schneiden, mit dem Knoblauchöl vermischen und ebenfalls 1–2 Std. ziehen lassen.

4 Dann eine (Grill-)Pfanne erhitzen und das
   Fleisch darin bei starker Hitze 1–2 Min.
   braten. Salzen, pfeffern, unter den Bulgur
   mischen, abschmecken und sofort servieren.

Bunter Fleischsalat

gut zum Mitnehmen | *Zubereitung: ca. 30 Min.*
Marinieren: ca. 30 Min. | *Pro Portion: ca. 280 kcal*

Für 4 Personen

300 g gegartes Rind- oder Kalbfleisch
  (z. B. Reste vom Tafelspitz, S. 81)
1 Zwiebel
je 1 kleine gelbe und orange Paprikaschote
50 g Zuckerschoten | 100 g Kirschtomaten
50 g mit Knoblauch gefüllte Oliven
  (aus dem Glas)
6 EL Olivenöl | 6 EL Weißweinessig
6 EL Weißwein (ersatzweise Gemüsebrühe)
Salz | Pfeffer
1/2 Bund glatte Petersilie

1 Das Fleisch in feine Streifen schneiden. Die Zwiebel schälen, die Paprika waschen und putzen. Beides klein würfeln. Zuckerschoten waschen, putzen und längs in feine Streifen schneiden. Tomaten waschen und halbieren oder vierteln. Die Oliven quer in dickere Scheiben schneiden.

2 Die Zwiebel und die Zuckerschoten im Öl 1–2 Min. glasig braten. Paprika untermischen und kurz mitbraten. Die Pfanne vom Herd nehmen, Tomaten und Oliven untermengen. Alles mit Essig und Wein oder Brühe ablöschen, salzen und pfeffern. Mit den Fleischstreifen vermengen und abgedeckt im Kühlschrank mindestens 30 Min. marinieren.

3 Fleischsalat abschmecken, evtl. nachwürzen. Die Petersilie waschen, trocken schütteln, grob hacken und unter den Salat mischen.

Italo-Wurstsalat

Klassiker auf neue Art | *Zubereitung: ca. 30 Min.*
Marinieren: ca. 30 Min. | *Pro Portion: ca. 570 kcal*

Für 4 Personen

200 g grüner Spargel | 6 EL Olivenöl
1 TL brauner Zucker oder Puderzucker
Salz | Pfeffer | 2 Knoblauchzehen
2 rote Zwiebeln
400 g Mortadella (am Stück)
8 EL Balsamico bianco | 1 Bund Rucola (50 g)
100 g Parmesan oder Pecorino

1 Den Spargel waschen und im unteren Drittel schälen, die Enden abschneiden. Die Stangen schräg in ca. 1 cm breite Scheiben schneiden. In einer Pfanne 2 EL Olivenöl erhitzen und den Spargel darin bei starker Hitze 1–2 Min. anbraten. Zucker darüberstreuen und karamellisieren lassen. Mit Salz und Pfeffer würzen, abkühlen lassen.

2 Inzwischen Knoblauch schälen und durch die Presse drücken. Zwiebeln schälen und in dünne Ringe schneiden. Die Mortadella in kleine Würfel schneiden. Dies alles mit dem Spargel, dem restlichen Olivenöl und dem Essig vermischen. Mit Salz und Pfeffer würzen und abgedeckt mindestens 30 Min. im Kühlschrank marinieren.

3 Dann den Rucola waschen, trocken schütteln und die groben Stängel abzwicken, größere Blätter kleiner schneiden. Den Käse in kleinere Stücke brechen oder hacken. Beides gut unter den Salat mischen. Nochmals abschmecken und sofort servieren.

Rinder-Carpaccio
mit Chili-Pecorino

gästefein | *Zubereitung: ca. 20 Min.*
Tiefkühlen: ca. 2 Std. | *Pro Portion: ca. 335 kcal*

Für 4 Personen

250 g zartes Rinderfilet (am besten
  frisch und nicht abgehangen)
8 EL sehr gutes Olivenöl
Saft von 1 Zitrone
Salz | grob gemahlener Pfeffer
80 g Pecorino mit Chili (ersatzweise
  Pecorino ohne Chili oder Parmesan)
1 Handvoll kleine Basilikumblätter
  (am besten griechisches Busch-Basilikum)

1 Das Rinderfilet möglichst straff in Frisch-
   haltefolie wickeln oder in einen Gefrierbeu-
   tel geben, einrollen und gut verschließen.
   Ins Tiefkühlfach legen und in 1 1/2–2 Std.
   anfrieren lassen. Vier große Teller in den
   Kühlschrank stellen.

2 Auf jedem Teller 1 EL Olivenöl verstreichen.
   Das Filet mit einem sehr scharfen Messer in
   hauchdünne Scheiben schneiden und auf
   den Tellern auslegen. Mit Zitronensaft und
   dem übrigen Öl beträufeln. Mit Salz und
   Pfeffer würzen.

3 Den Pecorino mit einem Sparschäler oder
   Trüffelhobel in feine Späne hobeln. Mit den
   Basilikumblättchen über das Fleisch streuen.
   Sofort servieren – am allerbesten mit ofen-
   frischem Weißbrot.

Variante mit Pfifferlingen und Nüssen

Für 4 Personen | 250 g **Rinderfilet** wie links
beschrieben anfrieren, schneiden und auf geölte Teller legen. **2 Knoblauchzehen** halbieren
und in **6 EL Olivenöl** bei kleiner Hitze 10 Min.
ziehen lassen. **100 g Pfifferlinge** putzen und
in dünne Scheiben schneiden. **50 g Ciabatta**
entrinden und in kleine Brösel zupfen. Knoblauch aus dem Öl fischen und die Pilze im Öl
bei mittlerer Hitze 5 Min. braten, herausnehmen. Brösel und **2 EL Haselnuss-** oder **Mandelblättchen** im Öl goldbraun rösten. Mit den
Pilzen auf die Teller verteilen. Mit **Salz** und
Pfeffer würzen, mit **2 EL Balsamico bianco**
und **2 EL Olivenöl** beträufeln.

Variante mit Rucola und Tomaten

Für 4 Personen | 250 g **Rinderfilet** wie links
beschrieben anfrieren, schneiden und auf geölte Teller legen. **2 Bio-Limetten** heiß waschen
und abtrocknen, 1 TL Schale fein abreiben und
den Saft auspressen. Beides mit **Salz, Pfeffer,
2 TL Honig** und **8 EL Olivenöl** verrühren.
1 große Handvoll Rucola waschen und trocken
schleudern. Lange, harte Stängel abzwicken.
200 g Kirschtomaten waschen und vierteln.
Rucola, Tomaten und **1 EL Kapern** auf die
Teller verteilen, salzen und pfeffern und die
Vinaigrette darüberträufeln.

Besonders clever!

Sollten die **Fleischscheiben** trotz Anfrieren doch ein
bisschen dicker werden, kein Problem: Einfach mit
der platten Seite der **Messerklinge** flacher drücken
oder zwischen geölte Klarsichtfolie legen und mit
dem **Nudelholz** darüberrollen.

Bunte Tellersülze
mit pikanter Kräuterremoulade

Sommer-Liebling | *Zubereitung: ca. 1 Std.* | *Kühlen: ca. 2 Std.* | *Pro Portion: ca. 455 kcal*

Für 6 Personen

Für die Sülze:

2 Eier (Größe L) | 2 Möhren
1 rote Zwiebel
3 Stangen Staudensellerie
100 g Kirschtomaten
4 süßsaure Essiggurken
(aus dem Glas)
450 g kalter Braten (in nicht zu
dünnen Scheiben; z. B. Roastbeef oder Schweinebraten)
1/2 Bund Schnittlauch
12 Blatt weiße Gelatine
2 EL Öl | 10 EL Weißweinessig
Salz | Pfeffer
800 ml Fleisch- oder Gemüsefond (aus dem Glas)
50 ml trockener Wermut
(z. B. Noilly Prat)

Für die Remoulade:

1/2 Bund gemischte Kräuter
(z. B. Petersilie, Basilikum,
Kerbel, Schnittlauch)
1 EL Kapern (aus dem Glas)
2 Sardellenfilets in Öl
(aus dem Glas)
1 Bio-Limette
100 g Mayonnaise
150 g Crème fraîche

1 Eier in ca. 10 Min. hart kochen. Möhren und Zwiebel schä-
len, Sellerie waschen und putzen, Tomaten waschen. Die
Gurken abtropfen lassen. Alles in feine Scheiben schneiden.
Den Braten vom Fett befreien und in 2 cm breite Streifen
schneiden. Schnittlauch waschen, trocken schütteln und in
Röllchen schneiden. Eier abschrecken, pellen und in dünne
Scheiben schneiden. Gelatine in kaltem Wasser einweichen.

2 Möhren- und Selleriescheiben in dem Öl bei mittlerer Hitze
ca. 2 Min. glasig braten. Mit 2 EL Essig ablöschen, mit Salz
und Pfeffer würzen. Mit Eiern, Zwiebeln, Tomaten, Gurken,
Braten und Schnittlauch in acht große tiefe Teller schichten,
salzen und pfeffern.

3 Den Fond erhitzen, vom Herd nehmen und die Gelatine-
blätter darin auflösen. Mit Wermut und dem übrigen Essig
würzig abschmecken. Gleichmäßig über die Zutaten in den
Tellern verteilen, sodass sie damit bedeckt sind. Im Kühlschrank in ca. 2 Std. fest werden lassen.

4 Für die Remoulade die Kräuter waschen und trocken schütteln, die Blättchen abzupfen und fein schneiden. Kapern
und Sardellen abtropfen lassen und sehr fein hacken. Die
Limette heiß waschen und abtrocknen, 2 TL Schale fein abreiben, den Saft auspressen. Alles mit der Mayonnaise und
der Crème fraîche verrühren, salzen und pfeffern. Mit der
Tellersülze servieren.

Clever variieren

Für eine **säuerlich würzige Note** 100 ml Weinessig, 1 EL Honig,
2 EL süßen Senf, Salz, Pfeffer und 60 ml Öl zur Vinaigrette verrühren und statt der Remoulade zur Tellersülze reichen.

Puten-Tempura

Japan-Hit | *Zubereitung: ca. 40 Min.*
Marinieren: ca. 3 Std. | *Pro Portion: ca. 610 kcal*

Für 2 Personen

Für die Tempura:

300 g Putenbrustfilet | 2 EL helle Sojasauce
50 ml Mirin (japan. süßer Reiswein,
  aus dem Asienladen)
Saft von 1/2 Limette
1 l neutrales Pflanzenöl
50 g kleine Champignons
1/2 Zucchino | 1 Ei (Größe M)
100 g Tempura-Mehl (aus dem Asienladen;
  ersatzweise Weizenmehl Type 405, s. Tipp)

Zum Servieren:

1 Stück Rettich (ca. 120 g)
ca. 30 g Gari (japan. eingelegter Ingwer,
  aus dem Asienladen)
helle Sojasauce
Wasabi-Paste (japan. grüner Meerrettich
  aus der Tube, aus dem Asienladen)

1 Für die Tempura das Putenfilet waschen,
trocken tupfen und in 2–3 cm große Stücke
schneiden. Sojasauce, Mirin und Limettensaft verrühren. Fleisch damit mischen und
3 Std. marinieren.

2 Dann das Pflanzenöl in einem weiten Topf
auf ca. 180° erhitzen (s. Tipp). Die Champignons trocken abreiben, Stielenden abschneiden. Zucchino waschen, putzen und
3 cm groß würfeln. Den Rettich schälen und
grob raspeln, in eiskaltes Wasser legen.

3 Für den Tempura-Teig das Ei mit ca. 100 ml
eiskaltem (!) Wasser verschlagen. Dann das
Mehl dazugeben und kurz unterrühren.
Das Fleisch aus der Marinade nehmen,
trocken tupfen. Fleisch und Gemüse portionsweise durch den Teig ziehen und im
heißen Fett 3–5 Min. frittieren. Kurz auf
Küchenpapier entfetten und warm halten.

4 Den Rettich im Sieb abtropfen lassen, aus-
drücken und mit Gari, Sojasauce, Wasabi
und den Puten-Tempura auf den Tisch
stellen. Alles zusammen genießen.

Variante: Gewürzter Tempura-Teig

Für 2 Personen | Soll's mal etwas schärfer
sein, 1/2–1 TL **Wasabi-Pulver** (aus dem Asienladen) mit unter den Teig mischen. Indisches
Aroma verleihen je 1/2 TL **gemahlener Koriander, Kreuzkümmel** und **(Madras-)Curry-
pulver**. Dazu dann noch **1 Knoblauchzehe** und
1 Stück frischer Ingwer (1 cm) – beides durch-
gepresst oder fein gehackt – ein Gedicht!

Besonders clever!

Das A und O bei Tempura ist der Teig: Er darf nicht zu
dick und nicht zu dünn sein, damit er später knusprig
und locker wird. Deshalb unbedingt mit der passen-
den Menge eiskaltem Wasser zubereiten. Und nicht
zu lange rühren, weil ihn das zäh macht. **Wichtig:**
Wer normales **Mehl (Type 405)** verwendet, braucht
ca. 2 EL mehr Wasser, damit der Teig die richtige
Konsistenz erhält. Dazu kommt noch ca. 1 TL Back-
pulver, das macht die Tempura schön fluffig. Und zu
guter Letzt: Nur wenn auch das Frittierfett **die richtige
Temperatur** hat, werden die Tempura knusprig-gold-
braun. Einen Holzkochlöffelstiel hineintauchen. Blub-
bern daran sofort Bläschen hoch, kann's losgehen.

Pizza mit Rinderfilet, Ricotta und Rucola

kräuterfrisch und chilischarf | *Zubereitung: ca. 30 Min.* | *Ruhen: 1 Std.* | *Pro Portion: ca. 500 kcal*

Für 4 Personen

Für den Teig:

1/2 Würfel Hefe (ca. 20 g)
1 TL Zucker | 250 g Mehl
1/2 TL Salz | 2 EL Olivenöl

Für den Belag:

2 Knoblauchzehen | 1 Bio-Limette | 3 EL Olivenöl | 1/2 TL Zucker | 1/2 TL Chiliflocken Salz | Pfeffer | 200 g Rinderfilet | 1 Dose stückige Tomaten (400 g Inhalt) | 2 Handvoll Rucola | 150 g Ricotta

Außerdem:

Mehl für die Arbeitsfläche
Öl für das Backblech

1 Hefe zerbröckeln, mit ca. 150 ml lauwarmem Wasser und Zucker verrühren. Mit Mehl, Salz und Öl glatt verkneten. Abgedeckt an einem warmen Ort ca. 1 Std. gehen lassen.

2 1 Knoblauchzehe schälen, hacken. Limette heiß waschen, 1 TL Schale fein abreiben und Saft auspressen. Mit Knoblauch, 3 EL Öl, Zucker, Chili, Salz und Pfeffer verrühren. Fleisch in feine Scheiben schneiden, mit der Marinade vermischen und so lange ziehen lassen, bis es gebraucht wird.

3 Tomaten im Sieb abtropfen lassen, ab und zu durchrühren. Übrigen Knoblauch schälen, dazupressen. Sugo salzen und pfeffern. Rucola waschen, trocken schleudern, grobe Stängel abzwicken. Ofen auf 250° (am besten Umluft) vorheizen.

4 Teig durchkneten, vierteln, auf wenig Mehl zu vier kleinen, dünnen Pizzaböden ausrollen und auf das geölte Blech geben. Mit Sugo bestreichen, Filetscheibchen und Ricotta in Flöckchen darauf verteilen. Im heißen Backofen (unten) 5–8 Min. backen. Mit Rucola bestreut servieren.

Pizza mit würzigem Lammhackfleisch

Klassiker mal anders | *Zubereitung: ca. 30 Min.* | *Ruhen: 1 Std.* | *Backen: ca. 10 Min.* | *Pro Portion: ca. 380 kcal*

Für 4 Personen

Für den Teig:

1/2 Würfel Hefe (ca. 20 g)
1 TL Zucker | 250 g Mehl
1/2 TL Salz | 2 EL Olivenöl

Für den Belag:

2 Knoblauchzehen | 2 Stängel
Minze | 250 g Lammhack-
fleisch | Salz | Pfeffer
1 TL gemahlener Kreuzkümmel
2 EL Zitronensaft | 300 g
Kirschtomaten | 1 rote Zwiebel

Außerdem:

Öl für das Backblech
Olivenöl, saure Sahne oder
  Joghurt zum Servieren

1 Die Hefe zerbröckeln und mit ca. 150 ml lauwarmem Wasser und dem Zucker verrühren. Mit Mehl, Salz und dem Öl zu einem glatten, elastischen Teig verkneten. Diesen abgedeckt an einem warmen Ort ca. 1 Std. ruhen lassen, bis der Teig luftig aufgegangen ist.

2 Inzwischen den Knoblauch schälen und durch die Presse drücken. Die Minze waschen, trocken schütteln und fein schneiden. Beides gut mit dem Hackfleisch vermengen. Mit Salz, Pfeffer, Kreuzkümmel und Zitronensaft würzen.

3 Die Tomaten waschen und halbieren. Die Zwiebel schälen und klein würfeln. Den Backofen auf 250° (am besten Umluft) vorheizen und das Backblech mit Öl einfetten.

4 Den Teig nochmals durchkneten und auf dem Blech dünn ausrollen. Lammhackmischung und Tomaten darauf verteilen, Zwiebeln darüberstreuen. Im heißen Ofen (unten) in 8–10 Min. knusprig backen. Zum Servieren nach Belieben Öl, saure Sahne oder Joghurt darübergeben.

Hamburger

USA-Klassiker
Zubereitung: ca. 30 Min. | Pro Portion: ca. 580 kcal

Für 4 Personen

8 große Salatblätter | 2 Zwiebeln
1 große Tomate | 1 große süßsaure Essiggurke
(aus dem Glas) | 400 g Rinderhackfleisch
(nicht zu mager) | 2 Spritzer Worcestersauce
Salz | Pfeffer | 2 EL Öl
8 Burger-Brötchen (mit oder
   ohne Sesam, bereits halbiert)

Außerdem:

Senf, Ketchup und Mayonnaise zum Servieren
(nach Belieben)

1   Den Salat waschen und trocken schütteln.
    Zwiebeln schälen, 1 Zwiebel klein würfeln,
    die andere in feine Ringe schneiden. Tomate
    waschen und in dünne Scheiben schneiden,
    dabei den Stielansatz entfernen. Die Gurke
    abtropfen lassen und längs in dünne Schei-
    ben schneiden.

2   Das Hackfleisch mit Zwiebelwürfeln und
    Worcestersauce vermengen, kräftig salzen
    und pfeffern. Aus der Masse acht ca. 1 cm
    hohe Fleischküchlein (Burger) formen.

3   Das Öl in einer großen Grillpfanne erhitzen
    und die Burger darin bei starker bis mitt-
    lerer Hitze in 3–5 Min. pro Seite gar und
    knusprig braten. Während der letzten Brat-
    minuten die Brötchen im Toaster oder Back-
    ofen goldbraun rösten.

4   Untere Brötchenhälften mit den Salatblät-
    tern belegen, darauf Burger, Tomaten, Gur-
    ken und Zwiebelringe verteilen. Nach Belie-
    ben Senf, Ketchup und Mayonnaise darauf-
    geben. Die oberen Brötchenhälften auflegen.

Variante: Cheeseburger

Für 4 Personen | Wie links beschrieben
vier Hamburger vor- und zubereiten. Während
die Burger die letzten 2 Min. braten, jeweils
1 dünne Scheibe Käse (z. B. Cheddar, Butter-
käse, Gouda) auf die Fleischküchlein legen
und leicht anschmelzen lassen.

Variante: Texasburger

Für 4 Personen | Wie links beschrieben
vier Hamburger vor- und zubereiten. Dabei
die Essiggurke durch **2–3 EL Jalapeño-Ringe**
(aus dem Glas) ersetzen und statt normalem
Ketchup unbedingt **BBQ-Ketchup, BBQ-Sauce**
oder **Tomaten-Salsa** nehmen. Dazu **8 Scheiben
Frühstücksspeck** (Bacon) in der Pfanne knusprig auslassen und mit auf die Brötchen geben.

Variante: Indiaburger

Für 4 Personen | **2–3 cm frischen Ingwer** und
2 Knoblauchzehen schälen. **8 Stängel Koriandergrün** waschen und trocken schütteln. Alles
fein hacken. Mit **500 g Lammhackfleisch** und
2 TL Garam Masala vermengen, kräftig salzen.
Aus der Masse wie beschrieben Fleischküchlein
formen und braten. **8 geröstete kleine Fladen-
brote** mit **Salatblättern** und Burgern füllen,
mit etwas **Mango-Chutney** bestreichen und mit
Tomatenscheiben und **Zwiebelringen** belegen.

Aus Koch- und Schmortopf

Alles, was gerne aus einem Topf kommt, ist hier versammelt – zubereitet auf dem Herd und mit reichlich Liebe. Freuen Sie sich auf feine Suppen und Eintöpfe, würzige Sugos, raffinierte Ragouts und mehr!

Holler-Hähnchenbrust

Für 4 Personen

15–20 Holunderblütendolden
(ersatzweise 150 ml Holunder-
blütensirup)
1 TL Pfefferkörner
1/2 Zimtstange
1 Stück Bio-Zitronenschale
(ca. 8 cm)
1 1/4 l Gemüsebrühe (Instant)
4 große Möhren
1 große Stange Lauch
4 Hähnchenbrustfilets
(je ca. 150 g)
Salz | Pfeffer
1 Handvoll Basilikumblätter
4 EL Holunderblütenessig
(ersatzweise Balsamico
bianco)
1 TL Zucker
50 ml Olivenöl

frühlingsfrisch | *im Bild links* | *Zubereitung: ca. 35 Min.*
Durchziehen: über Nacht | *Pro Portion: ca. 320 kcal*

1 Die Blütendolden falls nötig waschen. Dolden (oder Sirup) mit Pfefferkörnern, Zimtstange, Zitronenschale und Brühe in einem Topf aufkochen. Abkühlen und über Nacht im Kühlschrank ziehen lassen.

2 Möhren schälen, Lauch putzen, waschen und beides in 6–8 cm lange, dünne Streifen schneiden. Hähnchenfilets salzen und pfeffern. Den Sud durch ein Sieb zurück in den Topf gießen und aufkochen. Filets und Gemüse einlegen und bei kleiner Hitze in ca. 15 Min. sanft gar ziehen lassen.

3 Das Basilikum fein schneiden und mit 100 ml heißem Sud, Essig, Salz, Pfeffer, Zucker und Öl zur Sauce verrühren. Fleisch und Gemüse aus dem Sud heben und abtropfen lassen. Die Filets aufschneiden und mit dem Gemüse auf Tellern anrichten. Die Sauce darüber verteilen.

Geflügelsuppe
mit gebratenem Spargel

mediterran | *Zubereitung: ca. 50 Min*
Garen: ca. 1 Std. | *Pro Portion: ca. 280 kcal*

Für 6 Personen

2 Bund Suppengrün | 2 Zwiebeln
1 EL weiße Pfefferkörner | 2 Lorbeerblätter
1 Poularde (ca. 1,2 kg) | 400 g weißer Spargel
150 g Kirschtomaten | 2 große Möhren
1 Knoblauchzehe | 8 Salbeiblätter | Salz
Pfeffer | 2 EL Öl | 6 EL geraspelter Parmesan

1 Das Suppengrün waschen, putzen und grob
   würfeln. Die Zwiebeln halbieren und an den
   Schnittflächen in einem großen Topf anrösten. Pfefferkörner, Lorbeer, Suppengrün
   und 2 1/2 l Wasser dazugeben, aufkochen.
   Die Poularde waschen und darin offen bei
   kleiner Hitze in 1 Std. gar ziehen lassen.

2 Spargel schälen, putzen und schräg in 2–3 cm
   lange Stücke schneiden. Tomaten waschen
   und halbieren, Möhren schälen und fein
   schneiden. Knoblauch schälen und durchpressen. Salbei waschen, trocken tupfen.

3 Die Poularde aus der Brühe nehmen, Fleisch
   in kleinen Stücken von den Knochen lösen.
   Brühe durchsieben, mit dem Fleisch zurück
   in den Topf geben. Salzen und pfeffern. Öl in
   einer Pfanne erhitzen, Spargel und Möhren
   darin 2–3 Min. braten. Salbei zugeben und
   knusprig braten. Tomaten und Knoblauch
   unterrühren, salzen und pfeffern, zur Suppe
   geben. Auf den Tellern mit Käse bestreuen.

Möhrensuppe
mit Nockerln und Pute

cremig-zart | *Zubereitung: ca. 50 Min.*
Quellen: ca. 20 Min. | *Pro Portion: ca. 410 kcal*

Für 6 Personen

2 zimmerwarme Eier (Größe M) | 100 g weiche
Butter | 120 g Instant-Polentagrieß
6 EL frisch geriebener Parmesan | Salz
Pfeffer | 300 g Möhren | 1 Zwiebel | 1 Birne
1 TL Tomatenmark | 2 l Gemüsebrühe (Instant)
8 Scheiben geräucherte Putenbrust (300 g)
100 g Sahne | Muskatnuss, frisch gerieben

1 Eier mit 80 g Butter cremig rühren. Grieß
   und Parmesan untermengen. Mit Salz und
   Pfeffer würzen, ca. 20 Min. quellen lassen.

2 Möhren und Zwiebel schälen, klein würfeln.
   Die Birne schälen, vierteln, entkernen und
   ebenfalls klein würfeln. Übrige Butter zerlassen, Tomatenmark, Birnen- und Gemüsewürfel andünsten. 1 l Brühe aufgießen und
   bei kleiner Hitze 20–25 Min. kochen lassen.

3 Inzwischen übrige Brühe in einem weiten
   Topf zum Kochen bringen. Mit zwei nassen
   Teelöffeln aus der Grießmasse kleine Nockerl
   abstechen, in die kochende Brühe geben und
   bei kleiner Hitze in ca. 20 Min. gar ziehen
   lassen. Die Putenbrust in Streifen schneiden.

4 Die Sahne in die Suppe rühren und pürieren.
   Mit Salz, Pfeffer und Muskat abschmecken.
   Die Suppe auf tiefe Teller verteilen. Nockerl
   hineinsetzen, Putenstreifen darüberstreuen.

Rinderbrühe mit Graupen und Bohnen

Am nächsten Tag noch besser! | *Zubereitung: ca. 40 Min.*
Quellen und Garen: ca. 15 Std. | *Pro Portion: ca. 305 kcal*

Für 6 Personen

150 g Perlgraupen | 1 Bund Suppengrün
2 Zwiebeln | 4 Zweige Bohnenkraut | 1 EL
Pfefferkörner | 1 Stück Schale von 1 Bio-Zitrone (6 cm) | 800 g Rindfleisch (aus der Brust)
Salz | 2 EL Öl | 700 g grüne Buschbohnen
Pfeffer | 1 Handvoll Basilikumblättchen

1 Die Graupen über Nacht in reichlich kaltem Wasser quellen lassen. Dann Suppengrün waschen, putzen, grob würfeln. 1 Zwiebel halbieren, Schnittflächen in einem großen Topf anrösten. Bohnenkraut waschen und mit Pfefferkörnern, Zitronenschale, Suppengrün und 2 1/2 l Wasser dazugeben, aufkochen. Fleisch einlegen, wenig salzen und 2 1/2 Std. bei kleiner Hitze garen.

2 Bohnen waschen, putzen und in ca. 3 cm lange Stücke schneiden. Übrige Zwiebel schälen, fein würfeln. Fleisch aus der Brühe nehmen, 1 cm groß würfeln, Fett entfernen. Die Brühe durch ein Sieb gießen, auffangen. Die Graupen ebenfalls in ein Sieb abgießen.

3 Das Olivenöl im Topf erhitzen. Zwiebeln, Bohnen und Graupen darin andünsten. Das Fleisch dazugeben, salzen und pfeffern, die Brühe angießen. Alles ca. 30 Min. bei kleiner Hitze sanft kochen lassen. Suppe abschmecken, Basilikumblätter aufstreuen.

Linseneintopf mit Ochsenschwanz

herrlich deftig | *Zubereitung: ca. 45 Min*
Garen: ca. 3 Std. | *Pro Portion: ca. 580 kcal*

Für 4 Personen

1 Bund Suppengrün | 700 g Ochsenschwanz
(vom Metzger in den Gelenken durchgehackt)
4 EL Öl | Salz | 1 Zwiebel | 2 Möhren
2 Stangen Staudensellerie | 2 TL Puderzucker
200 g Champagner-Linsen | 1 EL Tomatenmark
200 ml Rotwein | Pfeffer | 2 EL Apfelessig

1 Das Suppengrün waschen, putzen und grob würfeln. Den Ochsenschwanz waschen, trocken tupfen und in 2 EL Öl in einem großen Topf bei starker Hitze anbraten. Das Suppengrün dazugeben, kurz mitbraten. 2 l Wasser angießen, salzen. Das Fleisch bei kleiner Hitze in ca. 2 Std. weich garen.

2 Dann den Ochsenschwanz aus der Brühe nehmen, das Fleisch von den Knochen lösen und klein würfeln. Die Brühe durch ein Sieb gießen und auffangen.

3 Zwiebel und Möhren schälen, den Sellerie waschen und putzen und das Gemüse klein würfeln. Das übrige Öl im Topf erhitzen und das Gemüse darin anbraten. Mit Zucker bestäuben und karamellisieren lassen. Linsen und Tomatenmark untermischen, Wein und Brühe angießen. Alles 30–45 Min. bei kleiner Hitze sanft kochen lassen, bis die Linsen gar sind. Mit Salz, Pfeffer und Essig würzen. Ochsenschwanz untermischen, erwärmen.

Limetten-Hähnchen-Risotto

zitrus-frisch | *Zubereitung: ca. 50 Min.* | *Pro Portion: ca. 565 kcal*

Für 4 Personen

1 Bund Frühlingszwiebeln
3 Bio-Limetten
3 EL Butter
400 g Risotto-Reis (z. B. Arborio,
   Carnaroli, Vialone nano)
ca. 1 l Fleisch- oder Gemüsebrühe (Instant)
1 Knoblauchzehe
300 g Hähnchenbrustfilet
Salz | Pfeffer
1 EL Olivenöl
50 g frisch geriebener Parmesan
   oder Pecorino
1 Handvoll Basilikumblättchen

1   Frühlingszwiebeln waschen und putzen, grüne und weiße
Teile getrennt in feine Ringe schneiden. Die Limetten heiß
waschen und 1 EL Schale fein abreiben, den Saft auspressen.

2   2 EL Butter zerlassen. Weiße Zwiebelringe und den Reis darin unter Rühren glasig braten. Mit dem Limettensaft ablöschen und bei starker Hitze einkochen lassen. Dann zwei
Schöpfkellen Brühe angießen und den Risotto bei mittlerer
Hitze offen 20–30 Min. garen, bis der Reis gequollen, aber
noch bissfest ist. Dabei häufig umrühren und immer wieder
Brühe nachgießen, bis alles verbraucht ist. Den Knoblauch
schälen und durchpressen. Fleisch waschen, trocken tupfen
und 2 cm groß würfeln.

3   Kurz vor Garzeitende das Fleisch salzen, pfeffern und in
dem Öl bei mittlerer Hitze goldbraun braten, Knoblauch
untermischen. Dann unter den Risotto rühren, 3–4 Min.
mitgaren. Die übrige Butter, Limettenschale, grüne Zwiebelringe und Käse untermischen. Den Risotto mit Salz und
Pfeffer würzen und mit Basilikum bestreut servieren.

Risotto mit Kräuter-Kaninchen

edel | *Zubereitung: ca. 50 Min.* | *Marinieren: ca. 5 Std.* | *Pro Portion: ca. 635 kcal*

Für 4 Personen

300 g Kaninchenfilet (ersatz-
    weise Hähnchenbrustfilet)
1 Bund gemischte Kräuter
    (z. B. Petersilie, Thymian,
    Oregano, Basilikum)
2 EL Olivenöl
ca. 1 l Fleisch- oder Gemüse-
    brühe (Instant)
1 Zwiebel
1 Knoblauchzehe
3 EL Butter
400 g Risotto-Reis (z. B. Arborio,
    Carnaroli, Vialone nano)
100 ml Weißwein
Salz | Pfeffer
50 g frisch geriebener Pecorino
    oder Parmesan

1 Kaninchenfilet ohne Häute und Sehnen in dünne Scheiben schneiden. Kräuter waschen, trocken schütteln, Blättchen fein hacken, mit dem Öl vermischen. Fleisch in den Kräutern wenden, abgedeckt 4–5 Std. im Kühlschrank marinieren.

2 Dann die Brühe erhitzen. Zwiebel schälen und fein würfeln, Knoblauch schälen und durchpressen. 2 EL Butter in einem großen Topf zerlassen. Zwiebeln, Knoblauch und Reis darin unter Rühren glasig braten. Mit Wein ablöschen und bei starker Hitze einkochen lassen.

3 Zwei Schöpfkellen Brühe angießen und den Risotto bei mittlerer Hitze offen 20–30 Min. garen, bis der Reis gequollen, aber noch bissfest ist. Dabei häufig umrühren und immer wieder etwas Brühe nachgießen.

4 Kurz vor Garzeitende das Fleisch salzen, pfeffern und in einer Pfanne bei starker Hitze anbraten. Dann unter den Risotto rühren, ganz kurz mitgaren. Übrige Butter und den Käse untermischen, mit Salz und Pfeffer würzen.

Tagliatelle
mit Wildschweinragout

Italo-Klassiker | *Zubereitung: ca. 35 Min*
Garen: ca. 1 Std. 30 Min. | Pro Portion: ca. 700 kcal

Für 4 Personen

500 g Wildschweinfleisch (aus der Schulter) |
1 Zwiebel | 2 Knoblauchzehen | 2 Möhren |
4 Zweige Thymian | 2 EL Olivenöl | 2 Lorbeer-
blätter | 150 ml Rotwein | 2 EL Tomatenmark |
350 ml Wildfond (aus dem Glas; ersatz-
weise Gemüsebrühe) | Salz | Pfeffer |
200 g Kirschtomaten | 400 g Tagliatelle

1 Das Fleisch von Fett und Sehnen befreien,
in grobe Stücke schneiden und diese mit
dem Messer nicht zu fein hacken. Zwiebel,
Knoblauch und Möhren schälen und fein
würfeln. Den Thymian waschen.

2 Das Öl in einem Schmortopf erhitzen. Das
Fleisch darin portionsweise bei starker Hitze
anbraten, herausnehmen. Möhren, Zwiebeln,
Knoblauch und Lorbeerblätter in den Topf
geben, Wein angießen, 8–10 Min. einkochen
lassen. Tomatenmark, Thymian und Fleisch
untermischen. Fond oder Brühe angießen,
salzen und pfeffern. Bei kleiner Hitze zugedeckt 1 1/2 Std. schmoren lassen. Tomaten
waschen, halbieren, nach 1 Std. dazugeben.

3 Die Nudeln nach Packungsanweisung
in reichlich Salzwasser bissfest garen.
Das Ragout abschmecken, Thymianzweige
und Lorbeerblätter entfernen. Nudeln abgießen und mit dem Ragout vermischen.

Penne mit gehackter
Ente und Koriander

asiatisch inspiriert | *Zubereitung: ca. 40 Min.*
Pro Portion: ca. 630 kcal

Für 4 Personen

1 Entenbrustfilet (ca. 400 g) | 200 g Möhren |
1 Bund Frühlingszwiebeln | 1 Chilischote |
1 Bund Koriandergrün | 400 g Penne | Salz |
300 ml Geflügelbrühe (Instant) |
2 EL Tomatenmark | Saft von 1 Limette

1 Die Haut der Entenbrust gitterförmig einschneiden. Das Filet mit der Hautseite nach
unten bei mittlerer Hitze in ca. 10 Min.
goldbraun braten. Die Pfanne nicht spülen.

2 Die Möhren schälen und sehr fein würfeln.
Die Frühlingszwiebeln waschen, putzen und
in Ringe schneiden. Chili waschen, putzen,
entkernen und fein hacken. Den Koriander
waschen, trocken schütteln, grob hacken.

3 Die Penne nach Packungsanweisung in reichlich Salzwasser bissfest garen. Inzwischen
die Haut von der Entenbrust ablösen. Das
Filet sehr fein hacken und in der Pfanne im
Entenfett bei starker Hitze 2–3 Min. braten,
dann herausnehmen.

4 Möhren, Zwiebeln und Chili 2–3 Min. braten. Mit Brühe ablöschen, Tomatenmark
und Fleisch unterrühren, 3–5 Min. kochen
lassen. Mit Limettensaft und Salz würzen.
Die Nudeln abgießen und mit der Sauce und
dem Koriander mischen.

Paprika-Rinder-gulasch mit Rahm

Klassiker neu variiert | *Zubereitung: ca. 45 Min*
Garen: ca. 4 Std. | *Pro Portion: ca. 300 kcal*

Für 6 Personen

1 kg Rindfleisch (aus der Hüfte oder Schulter)
3 rote Paprikaschoten
500 g Zwiebeln | 1/2 Bio-Orange
3 EL Butterschmalz
3 EL Tomatenmark
1/2 l Fleisch- oder Gemüsebrühe (Instant)
Salz | 2 EL edelsüßes Paprikapulver
Cayennepfeffer | 200 g saure Sahne

1 Das Rindfleisch von dicken Fettstücken und von den Sehnen befreien, dann in ca. 3 cm große Würfel schneiden. Die Paprikaschoten waschen, putzen und in ca. 1 cm dicke Streifen schneiden. Die Zwiebeln schälen und in dünne Ringe schneiden. Die Orange heiß waschen und in Spalten schneiden.

2 Nach und nach das Butterschmalz in einem Schmortopf zerlassen und das Fleisch darin portionsweise bei starker Hitze je 2–3 Min. unter Rühren anbraten, herausnehmen.

3 Die Zwiebeln und die Paprikaschoten in den Topf geben und ca. 5 Min. anbraten. Tomatenmark unterrühren, Orangenspalten einlegen, das Fleisch dazugeben, die Brühe angießen und wenig salzen. Das Gulasch im halb geschlossenen Topf bei kleiner Hitze 3 1/2–4 Std. schmoren lassen, bis das Fleisch weich ist. Dabei ab und zu umrühren.

4 Dann die Orangenspalten entfernen und das Gulasch mit Paprikapulver, Salz und Cayennepfeffer abschmecken. Zum Schluss noch die saure Sahne unterrühren.

Variante: Barolo-Hirschragout

Für 4–6 Personen | 1 kg Hirschfleisch (aus Schulter oder Keule) von Häuten und Sehnen befreien, ca. 2 cm groß würfeln. 1 Zwiebel, 2 Möhren und 1 Stück Knollensellerie (150 g) schälen und klein würfeln. Alles mit 4 Lorbeerblättern, 3–4 Nelken, 1 EL grob zerstoßenen weißen Pfefferkörnern und etwas frisch geriebener Muskatnuss in eine flache Form geben. Mit 1/2 l Barolo (ital. Rotwein) und 1/4 l Wildfond (aus dem Glas) übergießen, sodass alles bedeckt ist, und abgedeckt über Nacht im Kühlschrank marinieren. Dann in ein Sieb gießen, Marinade auffangen. Fleisch- und Gemüsewürfel trocken tupfen und portionsweise bei starker Hitze in 4 EL Olivenöl anbraten. Alles mit 2–3 EL Mehl bestäuben, die Marinade angießen. Das Hirschragout bei kleiner Hitze halb zugedeckt in ca. 3 1/2 Std. weich schmoren. Falls nötig, ab und zu wenig Wildfond oder Fleischbrühe nachgießen. Mit 2–3 EL Himbeerkonfitüre (evtl. durch ein Sieb streichen) sowie Salz und Pfeffer würzen.

Clever genießen

Noch **feiner und sämiger** wird das Rindergulasch, wenn Sie vor dem Zerkleinern der Paprikaschoten die dünne Haut mit einem Tomatenschäler (mit speziell gezahnter Klinge) abschälen.

Rinderrouladen
mit Gorgonzola

feinwürzig | *Zubereitung: ca. 45 Min*
Garen: ca. 1 Std. 30 Min. | *Pro Portion: ca. 600 kcal*

Für 4 Personen

4 Frühlingszwiebeln | 200 g Gorgonzola
4 EL Sahne | Salz
Pfeffer | 2 EL Pinienkerne
4 große, dünne Scheiben Rindfleisch
 (je ca. 180 g, aus der Keule)
1 große Möhre | 1 große Petersilienwurzel
1 Knoblauchzehe | 2 EL Öl
1/8 l Weißwein oder weißer Portwein
400 ml Rinderfond (aus dem Glas)

Außerdem:

4 Holzspießchen

1 Die Frühlingszwiebeln waschen, putzen und
 erst in ca. 6 cm lange Stücke schneiden, dann
 jeweils längs halbieren. Käse klein würfeln,
 mit der Sahne cremig verrühren und salzen
 und pfeffern. Die Pinienkerne in einer Pfanne ohne Fett goldbraun rösten.

2 Die Fleischscheiben zwischen Klarsichtfolie
 mit dem Nudelholz flacher klopfen und
 rollen. Dann auf der Arbeitsfläche auslegen,
 salzen und pfeffern. Mit der Käsemasse
 bestreichen und den Pinienkernen bestreu-
 en, die Längsseiten etwas einschlagen. Die
 Zwiebelstücke jeweils an eine der Schmal-
 seiten legen und die Rouladen von dort aus
 aufrollen. Mit Holzspießchen feststecken.

3 Möhre und Petersilienwurzel schälen und
 fein würfeln, den Knoblauch schälen und
 anquetschen. Die Rouladen in dem Öl in
 einem Schmortopf bei starker Hitze rundherum anbraten. Salzen, pfeffern und herausnehmen. Knoblauch und Gemüse im
 Topf anbraten. Den Wein angießen und in
 8–10 Min. einkochen lassen. Fond dazugießen, die Rouladen einlegen und zugedeckt
 ca. 1 1/2 Std. bei kleiner Hitze schmoren.

4 Die Rouladen aus dem Topf nehmen. Die
 Sauce durch ein Sieb in einen zweiten Topf
 gießen, das Gemüse mit durchstreichen.
 Mit Salz und Pfeffer abschmecken. Rouladen
 dazugeben und in der Sauce erwärmen.

Variante: Asia-Kalbsrouladen

Für 4 Personen | 2 TL Szechuan-Pfeffer im
Mörser zerreiben. 3–4 cm Ingwer schälen, fein
hacken. 350 g Zucker-Aprikosen waschen, halbieren, entsteinen, in dünne Spalten schneiden.
Mit Ingwer, 1 TL Pfeffer, 150 g Sojasprossen,
3 EL heller Sojasauce und 3 EL Sherry vermengen und kurz marinieren. 4 dünne Scheiben
Kalbfleisch (je 150 g, aus der Oberschale) flach
klopfen und salzen. Ca. zwei Drittel der Füllung darauf verteilen, von der Schmalseite her
aufrollen, mit Holzspießchen feststecken. Die
Rouladen in 2 EL Öl bei mittlerer Hitze rundum anbraten. 200 ml Kalbsfond (aus dem Glas)
angießen, mit übrigem Pfeffer und 3 EL heller
Sojasauce würzen, bei kleiner Hitze ca. 20 Min.
zugedeckt schmoren. 1 EL Zucker, Saft von
1 Limette und 2 TL Speisestärke verrühren,
mit übriger Füllung unter die Sauce mischen
und kurz aufkochen lassen, abschmecken.
Mit 2 EL gehacktem Koriandergrün bestreuen.

Kalbsragout mit Estragon-Senf-Sahne

mit französischem Touch | *Zubereitung: ca. 30 Min*
Garen: ca. 2 Std. 30 Min. | *Pro Portion: ca. 520 kcal*

Für 4 Personen

800 g Kalbfleisch (aus der Schulter)
1 Zwiebel | 2 EL Öl | 1 EL Butter
3 TL Senf (z. B. Dijon-Senf) | Salz | Pfeffer
300 ml Kalbsfond (aus dem Glas, ersatz-
weise Gemüsebrühe) | 200 g Sahne
200 g Champignons | 3 Stängel Estragon
1 TL abgeriebene Schale von 1 Bio-Zitrone

1 Das Fleisch ohne Fett und Sehnen ca. 2 cm
groß würfeln. Die Zwiebel schälen und klein
würfeln. Nach und nach Öl und Butter in
einem Schmortopf erhitzen und das Fleisch
darin portionsweise bei mittlerer Hitze anbraten. Dann das Fleisch herausnehmen.

2 Zwiebelwürfel in den Topf geben und glasig
braten. 1 TL Senf einrühren und das Fleisch
untermischen. Mit Salz und Pfeffer würzen
und den Fond oder die Brühe und die Sahne
dazugießen. Das Ragout bei kleiner Hitze
in ca. 2 1/2 Std. im halb geschlossenen Topf
ganz sanft gar schmoren lassen.

3 Die Pilze trocken abreiben, putzen und je
nach Größe halbieren oder vierteln. Den
Estragon waschen, trocken schütteln und
fein schneiden. Beides ca. 15 Min. vor Garzeitende unter das Fleisch mischen. Zum
Schluss das Ragout mit Zitronenschale, Salz,
Pfeffer und übrigem Senf abschmecken.

Variante: Schweinefleischragout mit Fenchel und Salsicce

Für 4 Personen | 1 Zwiebel und 2 Knob-
lauchzehen schälen und in feine Würfel
schneiden. 600 g Schweinefleisch (aus Schulter
oder Nacken) von Fett und Sehnen befreien,
in 2 cm große Würfel schneiden und in insge-
samt 2 EL Olivenöl im Schmortopf portionsweise rundherum 2–3 Min. bei starker Hitze
anbraten, herausnehmen. Knoblauch und
Zwiebeln im Bratensatz braten, salzen und
pfeffern. 400 ml Fleisch- oder Gemüsebrühe
(Instant) angießen. Fleisch wieder untermischen und halb zugedeckt bei kleiner Hitze
ca. 1 1/2 Std. schmoren. 2 Knollen Fenchel
(ca. 400 g) waschen und putzen, das Fenchelkraut beiseitelegen. Den Fenchel quer in dünne
Streifen schneiden. 2 Salsicce (je 80 g, ital. ge-
würzte rohe Würste, ersatzweise andere
rohe Bratwürste) enthäuten, Bratwurstmasse
grob zerkrümeln und in einer großen Pfanne
in 2 EL Olivenöl bei starker Hitze anbraten.
Den Fenchel dazugeben und 2–3 Min. mitbraten, bis er knapp bissfest ist. Mit Salz und
Pfeffer würzen. Ca. 20 Min. vor Garzeitende
den Fenchel und die Salsicce unter das Fleisch
mischen. 4 Frühlingszwiebeln waschen, putzen und in feine Ringe schneiden. Einige Spitzen vom Fenchelkraut abzupfen und mit den
Zwiebelringen zum Schluss über das Ragout
streuen. Mit Salz und Pfeffer abschmecken.

Lamm-Ossobuco
mit Kirschtomaten und Rosmarin

Schmeckt nach Urlaub!
Zubereitung: ca. 20 Min. | Garen: ca. 2 Std. 30 Min. | Pro Portion: ca. 550 kcal

Für 4 Personen

2 Möhren
1 Zwiebel
4 Knoblauchzehen
4 Zweige Rosmarin
4 Scheiben Lammkeule
  (ca. 3 cm dick und 200 g
  schwer, mit Knochen)
Salz | Pfeffer
2 EL Mehl
2 EL Olivenöl
1 EL Butter
1 EL Tomatenmark
150 ml Rotwein
1/4 l Lammfond (aus dem Glas,
  ersatzweise Gemüsebrühe)
2 Schalenstücke von 1 Bio-
  Zitrone (je ca. 5 cm lang)
200 g Kirschtomaten

1 Die Möhren und die Zwiebel schälen und in kleine Würfel schneiden. Den Knoblauch schälen und leicht andrücken. Den Rosmarin waschen und trocken schütteln.

2 Die Lammkeulenscheiben kurz kalt abwaschen, um eventuelle Knochensplitter zu entfernen, und mit Küchenpapier trocken tupfen. Die Fettränder mit einem scharfen Messer mehrmals leicht einschneiden. Die Scheiben salzen, pfeffern und mit Mehl bestäuben.

3 Öl und Butter in einem Schmortopf erhitzen. Die Fleischscheiben portionsweise darin bei starker Hitze auf jeder Seite 1–2 Min. anbraten, herausnehmen. Möhren, Zwiebeln, Knoblauch und Tomatenmark im Schmortopf anbraten, mit dem Wein ablöschen und kurz einkochen lassen.

4 Dann Fond oder Brühe angießen, Rosmarin und Zitronenschale untermischen. Das Fleisch wieder in den Topf geben und bei kleiner Hitze abgedeckt 2 Std. sanft schmoren.

5 Die Tomaten waschen, halbieren und neben das Fleisch in den Topf legen. Das Lamm-Ossobuco in ca. 30 Min. fertig schmoren, dabei gegen Garzeitende den Deckel abnehmen. Zum Schluss die Rosmarinzweige und die Zitronenschale entfernen, das Ossobuco mit Salz und Pfeffer abschmecken und servieren.

Rehragout
mit Granatapfel

extravagant | *Zubereitung: ca. 30 Min*
Garen: ca. 1 Std. 30 Min. | *Pro Portion: ca. 285 kcal*

Für 4 Personen

1 kg Rehfleisch (aus der Schulter) | 2 Granatäpfel | 2 Zwiebeln | 2 EL Butterschmalz
1/2 Zimtstange | 1 EL Pimentkörner | Salz
Pfeffer | 400 ml Gemüsebrühe (Instant)
1 EL Johannisbeergelee | 1 EL Aceto balsamico

1 Rehfleisch von Häuten und Sehnen befreien und in ca. 3 cm große Würfel schneiden. Granatäpfel halbieren und aus drei Hälften den Saft auspressen. Die Kerne der übrigen Hälfte aus den weißen Häuten lösen. Die Zwiebeln schälen und klein würfeln.

2 Das Schmalz in einem Schmortopf zerlassen. Das Fleisch darin in zwei bis drei Portionen bei mittlerer Hitze anbraten und herausnehmen. Zwiebeln im Topf bei starker Hitze anbraten, Zimtstange und Pimentkörner untermischen und kurz mitbraten. Dann immer wieder etwas Granatapfelsaft aufgießen, bis er verbraucht ist, und jeweils kurz einkochen lassen.

3 Das Rehfleisch wieder in den Topf geben, salzen und pfeffern. Die Brühe angießen. Das Fleisch in ca. 1 1/2 Stunden bei kleiner Hitze weich schmoren. Zum Schluss die Konfitüre unterrühren und das Ragout mit Essig, Salz und Pfeffer abschmecken. Die Granatapfelkerne darüberstreuen.

Kaninchenkeulen
mit Orangenschalotten

gästefein
Zubereitung: ca. 1 Std. 15 Min. | *Pro Portion: ca. 435 kcal*

Für 4 Personen

1 große Möhre | 1 Zweig Rosmarin
4 Kaninchenkeulen (je ca. 300 g) | Salz
Pfeffer | 3 EL Olivenöl | 1 Lorbeerblatt
1/2 l Gemüsebrühe (Instant) | 3 Orangen
(davon 1 Bio) | 200 g Schalotten | 50 ml
weißer Portwein (ersatzweise Gemüsebrühe)
100 g kleine Egerlinge | 2 Prisen Zucker

1 Die Möhre schälen und klein würfeln. Den Rosmarin waschen und trocken schütteln. Die Keulen salzen, pfeffern und in 2 EL Öl in einem Schmortopf bei mittlerer Hitze rundherum hell anbraten. Möhre, Rosmarin und Lorbeerblatt dazugeben, mitbraten und mit der Brühe ablöschen. Die Kaninchenkeulen im halb geschlossenen Topf bei kleiner Hitze in ca. 1 1/4 Std. weich schmoren.

2 Die Bio-Orange heiß waschen, abtrocknen, 1 EL Schale abreiben. Alle Orangen auspressen. Die Schalotten schälen, evtl. halbieren und im übrigen Öl glasig braten. Salzen und pfeffern. Wein, Orangensaft und -schale einrühren. Bei starker Hitze in ca. 10 Min. fast sirupartig einkochen lassen.

3 Die Egerlinge trocken abreiben und putzen. Ca. 20 Min. vor Garzeitende mit Orangenschalotten zu den Keulen in den Topf geben. Mit Salz, Pfeffer und Zucker abschmecken.

Leber-Mango-Ragout

Indische Aromen pur!
Zubereitung: ca. 50 Min. | Pro Portion: ca. 360 kcal

Für 4 Personen

1 große Mango | 1 Zwiebel
2 Knoblauchzehen
1 Stück frischer Ingwer (ca. 5 cm)
6 grüne Kardamomkapseln
2 Gewürznelken | 1 TL Koriandersamen
1 Zimtstange | 4 EL Öl
150 ml Fleisch- oder Gemüsebrühe (Instant)
Saft von 1 Orange (150 ml) | Salz
Pfeffer | 600 g Kalbs- oder Rinderleber

1 Die Mango schälen, Fruchtfleisch in dünnen Spalten vom Kern schneiden. Die Zwiebel schälen und klein würfeln. Knoblauch und Ingwer schälen und sehr fein hacken.

2 Den Kardamom anquetschen, die Samen herauslösen. Mit Nelken und Koriander im Mörser fein zerreiben. Die zerriebenen Gewürze und die Zimtstange in 2 EL Öl bei mittlerer Hitze 4–5 Min. anrösten. Zwiebeln, Knoblauch und Ingwer dazugeben, ca. 5 Min. mitbraten. Mango untermischen, kurz mitdünsten. Brühe und Orangensaft angießen, 2–3 Min. kräftig kochen lassen. Mit Salz und Pfeffer würzen. Warm halten.

3 Die Lebern von Haut und Röhren befreien und in 1 cm breite Streifen schneiden. Übriges Öl erhitzen, die Lebern darin bei starker Hitze 2 Min. anbraten. Salzen, pfeffern und unter die Mango mischen. Das Ragout noch 2–3 Min. ganz sanft schmoren lassen.

Kalbsnierenragout
mit Portweinsahne

ausgefallen | *Zubereitung: ca. 50 Min.*
Einlegen: ca. 30 Min. | Pro Portion: ca. 670 kcal

Für 4 Personen

800 g ganz frische Kalbsnieren (am besten vom Milchkalb) | 1/2 l Milch | 2 Schalotten
3 EL Butter | 3 EL Balsamico bianco oder Weißweinessig | 1/4 l Kalbsfond (aus dem Glas, ersatzweise Gemüsebrühe) | 200 g Sahne | 2 EL
Öl | Salz | Pfeffer | 200 ml weißer Portwein

1 Die Nieren von Haut und Fett befreien, einmal durchschneiden und die Nierenstränge entfernen. Die Milch in eine Schüssel geben, die Nieren darin 30 Min. einlegen.

2 Dann Schalotten schälen und klein würfeln. Die Nieren aus der Milch nehmen, trocken tupfen, in 1/2 cm dicke Scheiben schneiden.

3 In einem kleinen Topf 2 EL Butter zerlassen und die Schalotten darin bei mittlerer Hitze glasig braten. Mit Essig ablöschen, Fond oder Brühe und die Sahne angießen und in ca. 10 Min. leicht sämig einkochen lassen.

4 In einer Pfanne Öl und übrige Butter erhitzen. Nieren darin bei mittlerer Hitze 5 Min. braten. Salzen, pfeffern, herausheben und abgedeckt warm halten. Bratensatz mit Portwein ablöschen und 1–2 Min. kochen lassen. Sahnesauce unterrühren und kräftig aufkochen lassen, salzen und pfeffern. Die Nieren darin 1–2 Min. sanft schmoren lassen.

Kleine Stücke fürs kurze Braten

Heute Lust auf schnelle Fleischküche? Dann rasch Pfanne, Wok und Grill heiß laufen lassen … und los geht's!

Für 4 Personen

8 Minuten-Steaks (vom Schwein, je ca. 70 g)
Salz
2 Knoblauchzehen
1 Stück frischer Ingwer (4 cm)
2 getrocknete Chilischoten
2 große Handvoll Korianderblättchen
4 EL Öl
1 große Tomate
1 Stück Mangofruchtfleisch (150 g)
1 Kugel Mozzarella (125 g)

Scharfe Asia-Minuten-Steaks

fruchtig und scharf | *im Bild links*
Zubereitung: ca. 25 Min. | *Grillen: ca. 10 Min.* | *Pro Portion: ca. 330 kcal*

1 Den Backofengrill anheizen. Steaks auf beiden Seiten salzen. Knoblauch und Ingwer schälen. Korianderblättchen waschen und trocken tupfen, ein paar Blättchen beiseitelegen. Die übrigen mit Knoblauch, Ingwer und Chilis klein schneiden. Alles mit Öl vermischen, die Steaks damit einreiben.

2 Die Tomate waschen und in dünne Scheiben schneiden, dabei den Stielansatz entfernen. Die Mango schälen und wie den Mozzarella in dünne Scheiben schneiden.

3 Die Schweinesteaks in einer ofenfesten Pfanne bei mittlerer Hitze 1 Min. braten, dabei einmal wenden. Dann mit Tomate, Mango und Mozzarella belegen und evtl. salzen. Im Backofen (2. Schiene von oben) in 8–10 Min. goldbraun grillen. Mit den übrigen Korianderblättern bestreuen.

1

2

3

Wiener Schnitzel

Nur echt vom Kalb!
Zubereitung: ca. 25 Min. | Pro Portion: ca. 610 kcal

Für 4 Personen

2 Eier (Größe L)
2 EL Milch
Salz | Pfeffer
50 g Mehl
200 g Semmelbrösel
8 kleine (je ca. 60 g) oder
    4 große (je ca. 120 g) Kalbs-
    schnitzel (alle dünn aus der
    Oberschale geschnitten)
1 Zitrone
ca. 400 g Butterschmalz
    (ersatzweise Öl)
2 EL Butter

1 Die Eier in einen großen tiefen Teller aufschlagen. Milch dazugeben und beides mit einer Gabel kräftig verrühren, wenig salzen und pfeffern. Das Mehl und die Brösel ebenfalls jeweils in große tiefe Teller streuen.

2 Die Kalbsschnitzel zwischen Klarsichtfolie legen und mit dem Nudelholz darüberrollen (**Bild 1**), sodass sie gleichmäßig dünn werden und einheitlich garen können. Mit Salz und Pfeffer würzen. Die Zitrone in Spalten schneiden.

3 Die Schnitzel zuerst in dem Mehl wenden, das überschüssige Mehl abklopfen. Dann mit beiden Seiten durch die aufgeschlagenen Eier ziehen, ganz kurz abtropfen lassen und sofort in den Bröseln wenden. Dabei die Brösel nicht zu fest andrücken (**Bild 2**), damit die Panade später schön aufgehen kann und locker wird.

4 Das Butterschmalz bei mittlerer Hitze in zwei hohen großen Pfannen zerlassen. Die Schnitzel hineingeben und zugedeckt 1 Min. braten. Deckel entfernen und die Schnitzel weitere 2 Min. braten. Dann wenden, die Butter in die Pfanne geben und die Schnitzel in ca. weiteren 3 Min. goldbraun und knusprig braten. Dabei immer wieder mit dem Löffel Bratfett über die Schnitzel verteilen (**Bild 3**).

5 Die Schnitzel aus der Pfanne heben und auf Küchenpapier abtropfen lassen. Mit den Zitronenspalten servieren – so kann sich jeder selbst Saft über die Schnitzel träufeln.

Clever genießen

Damit das Wiener Schnitzel wirklich 1a schmeckt, sollten auch **die Zutaten** genau stimmen. Also: Das Fleisch unbedingt beim guten Metzger kaufen, **doppelgriffiges Mehl** (Wiener Grießler, Dunst) nehmen und die **Semmelbrösel** am besten aus altbackenem Weiß- oder Toastbrot in der Küchenmaschine **selbst herstellen.**

Gefüllte Schweinekoteletts
mit Mangold und Ricotta

mediterran | *Zubereitung: ca. 1 Std.* | *Pro Portion: ca. 520 kcal*

Für 4 Personen

1 kleine Staude Mangold
  (ca. 600 g)
200 g Kirschtomaten
2 Knoblauchzehen
2 Stängel Minze
3 EL Olivenöl
100 g Ricotta
Salz | Pfeffer
4 Schweinekoteletts
  (je ca. 250 g)
1/4 l Gemüsebrühe (Instant)

Außerdem:

Küchengarn und -nadel

Clever variieren

Nicht nur Mangold und Ricotta schmecken zu Schweinekoteletts und Tomaten – probieren Sie auch einmal **500 g grob gehackten Blattspinat** und **100 g zerkrümelten Schafkäse** (Feta). Ebenso gut: **500 g Radicchio** in feinen Streifen, **200 g klein geschnittene Pfifferlinge** und 60 g geraspelter Parmesan. Je ca. ein Drittel von Spinat oder Salat und Pilzen sowie die gesamte Käsemenge für die Füllung nehmen (und die Minze weglassen). Den Rest wie die Mangoldstiele in der Pfanne braten.

1 Die Mangoldblätter ablösen, waschen, putzen und trocken tupfen. Die weißen Stiele in 1 cm breite Steifen schneiden, die grünen Blätter grob zerschneiden. Die Tomaten waschen und halbieren, den Knoblauch schälen. Die Minze waschen, trocken schütteln und die Blättchen fein schneiden.

2 In einer großen Pfanne 1 EL Öl erhitzen. Grüne Mangoldblätter dazugeben, 1 Knoblauchzehe dazupressen und alles 1–2 Min. braten. In einer Schüssel mit dem Ricotta vermischen. Mit Salz, Pfeffer und der Hälfte der Minze würzen. Die Pfanne mit Küchenpapier auswischen.

3 Die Schweinekoteletts waschen, trocken tupfen und jeweils vorsichtig eine möglichst große Tasche einschneiden (evtl. bereits vom Metzger machen lassen). Die Koteletts innen salzen und pfeffern und gleichmäßig mit der Ricottamasse füllen. Die Öffnungen mit Küchengarn zunähen. Die Koteletts außen mit Salz und Pfeffer einreiben.

4 Den Backofen auf 120° (Umluft 100°) vorheizen. Das restliche Öl in der Pfanne erhitzen und die Koteletts darin bei mittlerer Hitze auf jeder Seite 5–6 Min. braten. Dann auf eine hitzebeständig Platte legen und noch für 5–8 Min. in den heißen Ofen (Mitte) schieben. Pfanne nicht spülen.

5 Inzwischen die Mangoldstiele in die Pfanne geben und kurz anbraten. Mit der Gemüsebrühe ablöschen und 3–4 Min. einkochen lassen. Die Tomaten untermischen und den übrigen Knoblauch dazupressen. Alles 1–2 Min. kochen lassen. Mit Salz, Pfeffer und übriger Minze abschmecken. Dann die Koteletts wieder in die Pfanne geben und im Gemüse wenden. Beides zusammen servieren.

Kräuter-Fleischpflanzerl

saftig und locker
Zubereitung: ca. 45 Min. | Pro Portion: ca. 545 kcal

Für 4 Personen

80 ml Milch | 1 altbackenes Brötchen
2 Frühlingszwiebeln
1 Bund gemischte Kräuter (z. B. Basilikum,
  Petersilie, Thymian,
Schnittlauch) | 3 EL Öl
1 Ei (Größe L) | 4 EL weiche Butter
3 EL Senf (z. B. mittelscharfer oder körniger)
500 g gemischtes Hackfleisch | Salz | Pfeffer

1 Die Milch erhitzen. Das Brötchen grob würfeln und in der Milch einweichen, bis die Würfel gebraucht werden. Die Frühlingszwiebeln waschen, putzen, in dünne Ringe schneiden. Die Kräuter waschen, trocken schütteln und fein schneiden. Mit den Zwiebeln in 1 EL Öl glasig braten, beiseitestellen.

2 Das Ei, 2 EL Butter und den Senf glatt verrühren. Eingeweichtes Brötchen, Kräutermischung und das Hackfleisch dazugeben, mit Salz und Pfeffer würzen. Alles gründlich und kräftig verkneten.

3 Hackfleischmasse in acht Portionen teilen und mit angefeuchteten Händen zu runden, ca. 2 cm dicken Frikadellen formen. Übriges Öl und die restliche Butter in zwei großen Pfannen erhitzen. Die Pflanzerl darin bei mittlerer Hitze pro Seite 5–6 Min. braten, bis sie braun und knusprig sind.

Variante: Orient-Frikadellen

Für 4 Personen | 50 g Instant-Couscous in einer Schüssel mit 50 ml kochendem, leicht gesalzenem Wasser übergießen. Alles gut vermischen und ca. 5 Min. quellen lassen. 4 Stängel Minze waschen und trocken schütteln, die Blättchen klein schneiden. Je 1 Zwiebel und Knoblauchzehe schälen, fein würfeln und in 1 EL Öl glasig braten. Alles mit je 200 g Kalbs-, Rinder- und Lammhackfleisch, 1 Ei (Größe L), 2 TL Harissa (arab. Chilipaste), 1 TL abgeriebener Schale von 1 Bio-Zitrone und der Minze vermischen. Mit Salz, Pfeffer und 2 TL gemahlenem Kreuzkümmel würzen. Den Fleischteig zu zwölf Frikadellen formen und wie links beschrieben braten.

Variante: Kalbsküchlein mit Estragon

Für 4 Personen | 1 große Bio-Orange heiß waschen und abtrocknen, 1 TL Schale fein abreiben und den Saft (100 ml) auspressen. 4 Scheiben Toastbrot entrinden, würfeln und in dem Orangensaft einweichen. 1 Stängel Estragon waschen, trocken schütteln und die Blätter fein hacken. 1 Schalotte schälen und mit 1 EL Kapern (aus dem Glas) klein schneiden. Alles mit 2 EL weicher Butter, 1 Ei (Größe L) und 500 g Kalbshackfleisch vermischen. Mit Salz und Pfeffer würzen. Den Fleischteig zu acht Küchlein formen und wie links beschrieben braten.

Kalbsleber
mit Gewürzbirnen

gästefein | *Zubereitung: ca. 40 Min.*
Marinieren: ca. 1 Std. | *Pro Portion: ca. 350 kcal*

Für 4 Personen

2 Schalotten | 1 Stück frischer Ingwer (1 cm)
1/2 Vanilleschote
4 grüne Kardamomkapseln
4 EL Butter | 2 TL Puderzucker
1/2 Zimtstange | 5 Gewürznelken
100 ml Birnensaft
200 ml Kalbsfond (aus dem Glas)
2 kleine Birnen | Saft von 1/2 Zitrone
Salz | Pfeffer
8 kleine Kalbsleberscheiben (je ca. 75 g)

1 Die Schalotten schälen und in sehr feine Würfel schneiden. Den Ingwer schälen und in Scheiben schneiden. Die Vanilleschote längs einschneiden, die Kardamomkapseln im Mörser anquetschen.

2 1 EL Butter zerlassen und die Schalotten darin glasig braten. Mit Puderzucker bestäuben und karamellisieren lassen. Zimtstange, Nelken, Vanilleschote, Ingwer und Kardamom dazugeben. Saft und Fond angießen und bei starker Hitze in 10–15 Min. um ca. ein Drittel einkochen lassen.

3 Inzwischen die Birnen schälen, vierteln, entkernen und in dünne Spalten schneiden. Mit Zitronensaft beträufeln. In die Sauce in der Pfanne legen, abdecken, vom Herd nehmen und mindestens 1 Std. marinieren.

4 Dann die Birnen wieder erwärmen, die Gewürze entfernen. 1 EL Butter unterrühren, mit Salz und Pfeffer würzen. Lebern, falls nötig, von Häuten, Sehnen und Röhren befreien. Die übrige Butter in einer zweiten Pfanne zerlassen und die Lebern darin bei mittlerer Hitze pro Seite ca. 2 Min. braten. Mit Salz und Pfeffer würzen, auf Teller geben und Gewürzbirnen darauf verteilen.

Variante: Kalbsleber Berliner Art

Für 4 Personen | 4 Zwiebeln schälen, in feine Ringe schneiden und in 2 EL Öl in ca. 15 Min. goldbraun braten. 2 Äpfel schälen, mit dem Kernausstecher entkernen, in 1 cm dicke Ringe schneiden und bei mittlerer Hitze in 2 EL zerlassener Butter in ca. 10 Min. weich dünsten. 8 Kalbsleberscheiben (je 75 g) wie oben beschrieben vorbereiten, evtl. mit Mehl bestäuben und braten, salzen und pfeffern. Mit den Apfel- und Zwiebelringen servieren.

Variante: mit Sherry-Pfirsichen

Für 4 Personen | 2 (weiße) Pfirsiche waschen, vierteln, entsteinen, in 1 1/2 cm dicke Spalten schneiden. 8 Kalbsleberscheiben (je 75 g) wie oben beschrieben vorbereiten und in ca. 1 cm breite Streifen schneiden. 2 Schalotten und 1 Knoblauchzehe schälen, würfeln und mit 2 TL Thymianblättchen in 1 EL Butter glasig braten. Mit je 150 ml Sherry und Kalbsfond (aus dem Glas) ablöschen, 8–10 Min. bei starker Hitze kochen lassen. 3 EL Butter unterrühren, salzen und pfeffern. Die Pfirsiche zugeben, kurz aufkochen lassen. Leberstreifen in 2 EL Öl bei starker Hitze ca. 2 Min. braten, salzen und die Sherry-Pfirsiche unterrühren.

Süßsaures Wok-Hähnchen

knackig-frisch | *Zubereitung: ca. 1 Std.* | *Pro Portion: ca. 290 kcal*

Für 4 Personen

1 große rote Paprikaschote
100 g kleine Champignons
4 Frühlingszwiebeln
1 Stück Ananas (ca. 300 g)
350 g Hähnchenbrustfilet
1 Knoblauchzehe
4 EL Öl | 3 EL Sojasauce
100 ml Gemüsebrühe (Instant)
2 EL Tomatenketchup
Saft von 3 Limetten
5 EL Honig
1 Handvoll Mungobohnen-
    sprossen (Sojasprossen)
Salz | Pfeffer
brauner Zucker

1 Die Paprikaschote waschen, putzen und in dünne Streifen schneiden. Die Pilze trocken abreiben, die Stielenden abschneiden. Die Frühlingszwiebeln waschen, putzen und schräg in 3 cm lange Stücke schneiden. Die Ananas schälen und in 1–2 cm große Würfel schneiden.

2 Das Hähnchenfleisch waschen, trocken tupfen und in ca. 2 cm große Stücke schneiden. Den Knoblauch schälen und fein hacken. 2 EL Öl im Wok erhitzen und Fleisch und Knoblauch darin bei starker Hitze ca. 5 Min. braten. Sojasauce und die Ananas untermischen, 1 Min. braten, dann alles aus dem Wok nehmen.

3 Die Brühe mit Ketchup, Limettensaft und Honig verrühren. Das übrige Öl im Wok erhitzen und die Paprikastreifen, Pilze und Frühlingszwiebeln darin 2–3 Min. braten. Hähnchenbrustfilet und Ananas wieder dazugeben. Angerührte Brühe unterrühren, einmal aufkochen lassen. Die Sprossen untermischen und alles 1–2 Min. kochen lassen. Mit Salz, Pfeffer und Zucker abschmecken.

Rindfleisch mit Curry und frischer Kokosnuss

indisch inspiriert | *Zubereitung: ca. 35 Min.* | *Pro Portion: ca. 395 kcal*

Für 4 Personen

1 Stück frischer Ingwer (4 cm)
2 Knoblauchzehen
2 Zwiebeln | 2 Chilischoten
1 Bund Frühlingszwiebeln
1 Stück frisches Kokosnuss-
  fleisch (ca. 70 g, ersatzweise 4–5 EL getrocknete
  Kokosraspel)
600 g Rindfleisch (Rinderfilet,
  Rumpsteak oder Hüftsteak)
5 EL Öl | 2 EL (Madras-)Curry-
pulver | 1 EL brauner Zucker
350 ml Fleisch- oder Gemüse-
brühe (Instant) | Salz
3 EL trockener Wermut nach
  Belieben (z. B. Noilly Prat)

1 Ingwer und Knoblauch schälen und fein schneiden. Die Zwiebeln schälen und grob würfeln oder in feine Spalten schneiden. Chilis waschen, putzen, entkernen und in sehr feine Ringe schneiden. Die Frühlingszwiebeln waschen und putzen, erst in 5–6 cm lange Stücke teilen, dann längs in feine Streifen schneiden. Von der Kokosnuss die dünne braune Schale abschneiden, die Nuss grob raspeln.

2 Das Rindfleisch in dünne Streifen oder Scheiben schneiden. Nach und nach 3 EL Öl im Wok erhitzen und das Fleisch portionsweise bei starker Hitze unter Rühren jeweils knapp 1 Min. anbraten, dann herausnehmen.

3 Das übrige Öl in den Wok geben und Ingwer, Knoblauch, Zwiebeln, Chilis und Currypulver darin bei mittlerer Hitze kurz anbraten. Den Zucker einstreuen, die Brühe dazugießen und alles noch ca. 5 Min. sanft kochen lassen. Dann Fleisch, Kokosraspel und Frühlingszwiebeln untermischen. Mit Salz und nach Belieben mit Noilly Prat abschmecken.

Filetsteaks vom Grill

Klassiker vom Feinsten | *Zubereitung: ca. 25 Min.*
Marinieren: ca. 6 Std. | *Pro Portion: ca. 330 kcal*

Für 4 Personen

2 TL Pfefferkörner
je 2 TL getrockneter Rosmarin,
   Thymian und Oregano
Saft von 1/2 Bio-Limette
2 EL flüssiger Honig
2 TL körniger Senf
3 EL Olivenöl
4 Rinderfiletsteaks (je 200 g, 3 cm dick)
Fleur de Sel (ersatzweise normales Meersalz)

1 Die Pfefferkörner im Mörser grob zerstoßen und mit getrockneten Kräutern, Limettensaft, Honig, Senf und Öl verrühren. Steaks damit einstreichen und abgedeckt im Kühlschrank mindestens 6 Std. marinieren.

2 Dann die Steaks aus dem Kühlschrank holen und Raumtemperatur annehmen lassen. Inzwischen den Holzkohlengrill anheizen.

3 Die Filetsteaks mit Fleur de Sel (oder Meersalz) bestreuen, auf den Grillrost legen und über der nicht zu heißen Glut (ca. 10 cm Abstand) pro Seite in 5–6 Min. »medium rare« (rosa mit blutigem Kern) grillen.

Variante: Gratinierte Filets Mignon

Für 4 Personen | Backofen auf 80° (Umluft nicht geeignet) vorheizen. **8 Filets Mignon** (je 70 g, 1 1/2 cm dick) salzen und pfeffern. In **2 EL Olivenöl** bei starker Hitze pro Seite 1 Min. braten. Dann auf eine hitzebeständige Platte legen und in 15–20 Min. im Ofen (Mitte) rosa garen. **1 Knoblauchzehe** schälen und mit **1 EL Kapern** und **2 halb getrockneten Tomaten in Öl** (beides aus dem Glas) fein hacken. **2 Scheiben Toastbrot** entrinden, toasten und zerkrümeln. Alles mit **5 EL Olivenöl** verrühren. Fleisch aus dem Ofen nehmen, den Backofengrill anheizen. Die Bröselmasse auf den Filets verteilen, leicht andrücken. Im Ofen (oben) knusprig gratinieren.

Variante: Glasierte Rehmedaillons

Für 4 Personen | Den Backofengrill vorheizen. **1 Schalotte** schälen und fein würfeln. In einer Pfanne **1 EL Öl** und **1 EL Butter** erhitzen und die Schalotte darin glasig braten. Mit **100 ml rotem Portwein** ablöschen, dann **200 ml Wildfond** (aus dem Glas), **4 EL Aceto balsamico** und **3 EL Preiselbeerkonfitüre** unterrühren. Pfeffern und offen bei starker Hitze in ca. 10 Min. auf die Hälfte einkochen lassen. Inzwischen **8 Rehmedaillons** (je ca. 80 g, 2 cm dick, aus den Rückenfilets geschnitten) salzen und pfeffern. Die Medaillons auf den Rost legen und im Ofen (oben) 2–3 Min. pro Seite grillen. Dann in Alufolie wickeln und warm halten. **3 EL Butter** unter die Portwein-Balsamico-Glasur schlagen, mit **Salz** und **Pfeffer** würzen. Die Medaillons in die Glasur geben und bei kleiner Hitze in 2–3 Min. ganz sanft rosa garen, dabei immer wieder wenden.

Schweinemedaillons im Yufka-Teig

herrlich knusprig | *Zubereitung: ca. 30 Min*
Garen: ca. 10 Min. | *Pro Portion: ca. 325 kcal*

Für 4 Personen

1 Zwiebel | 1 Radicchio (150 g, am besten der längliche Treviso) | 50 g gegrillte Paprika-schoten (in Öl, aus dem Glas) | 4 Schweine-filetmedaillons (knapp 3 cm dick, je ca. 70 g)
Salz | Pfeffer | 5 EL Öl
2 ovale Yufka-Teigblätter (ca. 40 x 50 cm, türkischer Lebensmittelladen)
2 kleine Ziegenkäse (je 50 g, z. B. Picandou)

1 Den Backofen auf 220° (Umluft 200°) vor-heizen. Die Zwiebel schälen und klein wür-feln. Den Radicchio waschen, putzen und in dünne Streifen schneiden. Paprikaschoten abtropfen lassen und grob würfeln.

2 Die Medaillons salzen und pfeffern und in 2 EL Öl bei starker Hitze je Seite 1 Min. an-braten, herausnehmen. Zwiebeln in der Pfan-ne glasig braten. Gemüse dazugeben und ca. 2 Min. mitbraten. Salzen und pfeffern.

3 Mit dem übrigen Öl 1 Teigblatt einpinseln, das zweite Teigblatt darauflegen und in gleich große Viertel schneiden. Jedes Teig-viertel mit etwas Gemüse und 1 Medaillon belegen. Die Käse quer durchschneiden und je 1 Käsescheibe auf das Fleisch geben, die überstehenden Teigränder darüberschlagen. Auf dem Backblech im Ofen (2. Schiene von unten) in ca. 10 Min. knusprig backen.

Lammschnitzel mit Meerrettichcreme

würzige Kombi | *Zubereitung: ca. 30 Min.*
Marinieren: ca. 4 Std. | *Pro Portion: ca. 540 kcal*

Für 4 Personen

200 g Kirschtomaten | 3 TL Tomatenmark
6 EL Olivenöl | 2 Knoblauchzehen | Salz
Pfeffer | 8 Lammschnitzel (je ca. 80 g, aus der Keule geschnitten) | 80 g Mayonnaise
80 g Frischkäse | 6 EL Meerrettich (aus dem Glas) | 4 Stängel Basilikum oder 1/2 Bund Schnittlauch (nach Belieben)

1 Die Kirschtomaten waschen, halbieren und mit dem Tomatenmark und dem Olivenöl fein pürieren. Den Knoblauch schälen und dazupressen, mit Salz und Pfeffer würzen. Die Lammschnitzel trocken tupfen und in der Marinade wenden. Abgedeckt im Kühl-schrank 3–4 Std. durchziehen lassen.

2 Dann die Mayonnaise mit dem Frischkäse und dem Meerrettich glatt rühren. Nach Belieben die Basilikumblätter von den Stän-geln zupfen oder den Schnittlauch waschen und trocken schütteln. Die Kräuter fein schneiden und unter die Creme rühren. Mit Salz und Pfeffer abschmecken.

3 Den Holzkohlengrill anheizen oder die Grill-pfanne erhitzen. Die Lammschnitzel aus der Marinade nehmen und über der heißen Glut (ca. 10 cm Abstand) oder in der Pfanne bei starker Hitze pro Seite 1–2 Min. grillen. Mit der Meerrettichcreme servieren.

Joghurt-Hähnchen-keulen aus dem Ofen

ein Hauch von Orient | *Zubereitung: ca. 40 Min.*
Marinieren: über Nacht | *Pro Portion: ca. 320 kcal*

Für 4 Personen

1 Knoblauchzehe | 1/2 Bio-Zitrone
350 g griechischer Sahne-Joghurt
Salz | 2 TL Harissa (arab. Chilipaste)
4 Hähnchenkeulen (mit Rückenstück, je 300 g)
1 sehr kleine Aubergine | 1 Zwiebel
150 g Kirschtomaten | Pfeffer | 2 EL Olivenöl
1/4 l Gemüsebrühe (Instant)
6 Walnusskerne | 1/2 Bund glatte Petersilie

1 Den Knoblauch schälen und durchpressen. Die Zitrone heiß waschen und die Schale fein abreiben, Saft auspressen. Alles mit dem Joghurt glatt verrühren. Mit Salz und Harissa würzen. Die Hähnchenkeulen waschen und trocken tupfen, die Haut abziehen und die Keulen zum Joghurt geben. Abgedeckt über Nacht im Kühlschrank marinieren.

2 Am nächsten Tag die Aubergine waschen, putzen und in sehr kleine Würfel schneiden. Die Zwiebel schälen und ebenfalls klein würfeln, Tomaten waschen. Den Backofen auf 180° vorheizen.

3 Die Hähnchenkeulen aus der Marinade nehmen, Joghurt abstreifen und die Keulen salzen und pfeffern (Marinade aufheben). Das Öl in einem Bräter erhitzen, Zwiebeln und Aubergine darin bei mittlerer Hitze 5 Min. braten, dann zur Seite schieben.

4 Die Keulen im Bräter rundherum goldbraun braten. Mit Brühe ablöschen, die Tomaten untermischen. Abgedeckt im Ofen (Mitte, Umluft 160°) ca. 40 Min. schmoren.

5 Die Nüsse grob hacken und in einer Pfanne ohne Fett bei mittlerer Hitze anrösten. Die Petersilie waschen und trocken schütteln, die Blättchen hacken. Beides mit der Hälfte der Joghurtmarinade unter Gemüse und Bratenfond rühren. Salzen und pfeffern.

Knusprige Chili-Hähnchenkeulen

Für 4 Personen | 1 Stück frischen Ingwer (ca. 2 cm) und 1 **Knoblauchzehe** schälen und fein hacken. Mit **50 ml süßscharfer Chilisauce, 1 EL heller Sojasauce** und **2 EL Reis- oder Weißweinessig** verrühren. **8 Hähnchenkeulen** (ohne Rückenstück, je 200 g) mit der Sauce einpinseln, 4–5 Std. marinieren. Dann salzen, pfeffern und auf dem Rost im 220° heißen Backofen (Mitte, Umluft 200°) in ca. 40 Min. knusprig braten, dabei mehrmals wenden.

Kokos-Hähnchenkeulen

Für 4 Personen | 2 Bio-Limetten waschen, 2 TL Schale fein abreiben und Saft auspressen. Beides mit **4 EL Öl, 2 EL Honig, 2 TL Garam Masala, 80 g Kokosraspeln, Salz** und **Pfeffer** verrühren. Bei **12 Hähnchenunterkeulen** (je ca. 120 g) mit dem Finger die Haut lösen und die Kokosmasse zwischen Fleisch und Haut verteilen. Im Kühlschrank 1–2 Std. marinieren. Keulen salzen und pfeffern, auf einen Rost legen und über der nicht zu heißen Holzkohlenglut (ca. 15 cm Abstand) 20–25 Min. grillen, dabei immer wieder wenden.

Große Stücke für den großen Hunger

Verwandte, Freunde oder Kollegen haben sich angesagt? Mit einem grandiosen Braten – außen herrlich kross, innen rosa-zart – können Sie bestimmt alle begeistern!

Für 6 Personen

3 Stängel Minze
1 Knoblauchzehe
200 g Schafkäse (Feta)
1 Lammkeule (ca. 1 1/2 kg, den Knochen auslösen lassen)
Salz | Pfeffer
2 EL Olivenöl
200 ml Weißwein
600 ml Lammfond (aus dem Glas, ersatzweise Gemüsebrühe)
1 TL (brauner) Zucker
3 Zwiebeln
6 junge Möhren

Außerdem:

Küchengarn und -nadel

Lammkeule mit Feta und Minze

Istanbul-Klassiker | *im Bild links* | *Zubereitung: ca. 30 Min*
Garen: ca. 2 Std. 30 Min. | *Pro Portion: ca. 630 kcal*

1 Minze waschen, trocken schütteln, Blättchen grob hacken. Den Knoblauch schälen und durchpressen, Feta zerbröckeln. Die Lammkeule von Sehnen und groben Fettstücken befreien. Aufklappen und innen mit Knoblauch einreiben, salzen und pfeffern, Käse und Minze darüberstreuen. Dann wieder zusammenklappen und mit Küchengarn zunähen. Salzen und pfeffern. Den Backofen auf 130° vorheizen.

2 Das Öl in einem Bräter erhitzen, die Keule darin rundum anbraten. Mit Wein und Fond ablöschen, Zucker einrühren. Keule im Ofen (Mitte, Umluft 110°) in ca. 2 1/2 Std. rosa garen. Nach ca. 30 Min. Zwiebeln und Möhren schälen. Zwiebeln längs in Spalten schneiden, Möhren längs halbieren oder vierteln. Mit in den Bräter geben, salzen und pfeffern.

Tafelspitz
mit frischem Kren

Ein echter Klassiker! | *Zubereitung: ca. 50 Min*
Garen: ca. 3 Std. | *Pro Portion: ca. 345 kcal*

Für 6 Personen

1,4 kg Tafelspitz | 2 EL Öl | 1 Zwiebel
2 Lorbeerblätter | 6 Gewürznelken
1 EL Pfefferkörner | Salz
700 g kleine festkochende Kartoffeln
2 Petersilienwurzeln | 4 Möhren
3 Stangen Staudensellerie | 1 Stange Lauch
1 Stück frischer Meerrettich (ca. 50 g)
Saft von 1/2 Zitrone | Pfeffer

1 Vom Tafelspitz die Häute und Sehnen abschneiden. Das Öl in einem großen Topf erhitzen und das Fleisch darin bei mittlerer Hitze rundherum anbraten. Mit so viel Wasser aufgießen, dass das Fleisch bedeckt ist.

2 Die Zwiebel schälen und mit den Lorbeerblättern und den Nelken spicken. Mit den Pfefferkörnern in den Topf geben, salzen. Zum Kochen bringen, die Temperatur reduzieren und den Tafelspitz bei kleiner Hitze in ca. 3 Std. ganz sanft gar ziehen lassen (nicht kochen!). Den Schaum abschöpfen.

3 Kartoffeln schälen, waschen und halbieren. Die Petersilienwurzeln und die Möhren schälen, Sellerie und Lauch waschen und putzen. Gemüse in grobe Stücke schneiden. Alles ca. 30 Min. vor Garzeitende zum Fleisch in den Topf geben und mitgaren.

4 Dann das Fleisch aus der Brühe heben und kurz ruhen lassen. Den Meerrettich schälen und fein reiben. Ca. 1 l Brühe abnehmen und mit dem Zitronensaft, Salz und Pfeffer abschmecken.

5 Das Fleisch in Scheiben schneiden und mit Kartoffeln und Gemüse auf große Teller verteilen. Jeweils mit etwas abgeschmeckter Brühe beschöpfen und mit Meerrettich bestreuen. Dazu können Sie servieren:

Schnittlauch-Vinaigrette

Für 6 Personen | 50 ml Weißweinessig, 50 ml Tafelspitzbrühe und 1 EL mittelscharfen Senf mit 50 ml Olivenöl verschlagen und mit Salz und weißem Pfeffer würzen. 1 Bund Schnittlauch waschen, trocken schütteln, in Röllchen schneiden und untermischen.

Petersilien-Zitronen-Brösel

Für 6 Personen | 1 Bund glatte Petersilie waschen, trocken schütteln, Blättchen grob hacken. 2 EL Butter und 3 EL Sonnenblumenöl erhitzen und die Petersilie mit 80 g Semmelbröseln darin bei mittlerer Hitze goldbraun rösten. Mit Salz, Pfeffer und 1–2 TL fein abgeriebener Schale von 1 Bio-Zitrone würzen.

Meerrettich-Crème-fraîche

Für 6 Personen | 1 Stück frischen Meerrettich (ca. 50 g) schälen und fein reiben. 2 Knoblauchzehen schälen und durchpressen. Beides unter 100 g Crème fraîche ziehen. 100 g Sahne steif schlagen und unterheben. Mit Salz, Pfeffer und 1 TL Zucker würzen.

Kalbsbraten in Pecorino-Milch

mediterran | *Zubereitung: ca. 20 Min.* | *Garen: ca. 1 Std. 30 Min.* | *Pro Portion: ca. 520 kcal*

Für 6 Personen

80 g luftgetrockneter Schinken
   (z. B. Jamón ibérico, Parma-
   oder Serrano-Schinken)
1,2 kg Kalbsnuss
Salz | Pfeffer | 1 Zwiebel
3 EL Olivenöl | 1 EL Butter
100 ml Weißwein (ersatzweise
   Fleisch- oder Gemüsebrühe)
1 l Milch | 1 EL Honigsenf
150 g frisch geriebener
   Pecorino
Muskatnuss, frisch gerieben

Clever tauschen

Statt der Kalbsnuss schmeckt auch
eine **Lammkeule** (vom Metzger den
Knochen auslösen lassen) fein.

1 Den Schinken in ca. 2 cm breite Streifen schneiden. Die Kalbsnuss gut verteilt mehrmals mit einem langen, spitzen Messer 4–5 cm tief einstechen. Die Schinkenstreifen mit Hilfe eines Teelöffelstiels in die Einschnitte stecken. Das Fleisch kräftig mit Salz und Pfeffer würzen.

2 Die Zwiebel schälen und in kleine Würfel schneiden. Öl und Butter in einem Schmortopf erhitzen, in dem die Kalbsnuss gerade Platz hat. Das Fleisch darin bei mittlerer Hitze rundherum goldbraun anbraten.

3 Dann die Zwiebeln dazugeben und kurz mitbraten. Mit Weißwein ablöschen und die Milch angießen. Den Senf und den Pecorino untermischen. Mit Salz und Pfeffer würzen.

4 Das Ganze erwärmen und die Kalbsnuss bei kleiner Hitze in ca. 1 1/2 Std. sanft gar ziehen lassen. Dann den Braten aus der Milch nehmen und in Scheiben schneiden. Die Pecorino-Milch mit dem Pürierstab kurz durchmixen, mit Salz, Pfeffer und Muskat würzen und zum Fleisch servieren.

Buttermilch-Knoblauch-Lammschulter

feinwürzig und sahnig | Zubereitung: ca. 25 Min. | Garen: ca. 3 Std. 30 Min. | Pro Portion: ca. 1030 kcal

Für 4 Personen

2 Knoblauchknollen
je 4 Zweige Rosmarin
  und Thymian
1 Lammschulter
  (ca. 2 kg, mit Knochen)
Salz | Pfeffer
4 EL Olivenöl
1 Lorbeerblatt
2 Schalenstücke von
  1 Bio-Zitrone (ca. 8 cm)
2 l Buttermilch
400 g Sahne
1 EL Apfelessig

1 Knoblauchknollen waschen und oben einen kleinen Deckel abschneiden. Rosmarin und Thymian waschen, trocken schütteln. Lammschulter vom Fett befreien, mit Salz und Pfeffer einreiben. Das Öl in einem Schmortopf erhitzen, in dem die Lammschulter gerade Platz hat. Das Fleisch darin bei mittlerer Hitze in 7–8 Min. rundum goldbraun anbraten.

2 Knoblauch, Kräuterzweige, Lorbeerblatt und Zitronenschale in den Schmortopf geben. Die Buttermilch dazugießen, salzen, pfeffern und erhitzen. Die Lammschulter in ca. 3 1/2 Std. bei kleiner Hitze zugedeckt sanft gar ziehen lassen. Dabei das Fleisch ab und zu wenden.

3 Ca. 30 Min. vor Garzeitende die Knoblauchknollen aus dem Schmortopf nehmen. Fruchtfleisch aus den Schalen drücken und mit der Sahne in einen kleinen Topf geben. Bei starker Hitze in ca. 15 Min. sämig einkochen lassen. Mit Essig, Salz und Pfeffer würzen. Das Fleisch der Lammschulter vom Knochen schneiden und mit der Knoblauchsahne servieren.

Sahniger Sauerbraten
mit Preiselbeeren

würzig | *Zubereitung: ca. 50 Min.* | *Marinieren: ca. 7 Tage* | *Garen: ca. 3 Std. 30 Min.* | *Pro Portion: ca. 710 kcal*

Für 4 Personen

1 EL Pfefferkörner
je 5 Wacholderbeeren, Pimentkörner und Gewürznelken
2 Lorbeerblätter
4 große Stängel Liebstöckel
400 ml Rotwein
400 ml Rotweinessig
400 ml Fleischbrühe (Instant)
1,2 kg Rindfleisch (aus der
   Hüfte oder Schulter)
2 Möhren
1 große Petersilienwurzel
3 Zwiebeln
Salz | Pfeffer
2 EL Butterschmalz
200 g Sahne
5 EL Preiselbeerkonfitüre

Außerdem:

Teefilter (aus dünnem Stoff)
Küchengarn

Clever genießen

Der **Braten** wird **umso mürber,**
je länger er in der Marinade baden
darf. Am allerbesten dafür alles
in einen großen Plastikbeutel
füllen, die Luft (so gut es geht)
herausdrücken und den Beutel
möglichst luftdicht verschließen.

1 Gewürze und Lorbeerblätter in den Teefilter füllen und gut verschnüren. Den Liebstöckel waschen und mit dem Teefilter in einen Topf geben. Mit Wein, Essig und der Brühe aufgießen, einmal aufkochen und lauwarm abkühlen lassen.

2 Das Fleisch von dicken Fettstücken und Sehnen befreien und in eine Schüssel geben, in der es gerade Platz hat. Mit der Marinade (samt Filter und Liebstöckel) übergießen und gut abgedeckt 5–7 Tage im Kühlschrank marinieren.

3 Dann Möhren, Petersilienwurzel und Zwiebeln schälen und klein würfeln. Das Fleisch aus der Marinade nehmen, gut trocken tupfen und mit Salz und Pfeffer einreiben. (Marinade samt Teefilter und Liebstöckel aufbewahren!)

4 Das Schmalz in einem nicht zu großen Schmortopf zerlassen und das Fleisch darin rundherum bei starker Hitze 4–5 Min. anbraten. Das Gemüse dazugeben und kurz mitbraten. Mit so viel Marinade aufgießen, dass das Fleisch bis etwas über die Hälfte bedeckt ist. Liebstöckel und Teefilter dazugeben. Bei kleiner Hitze im geschlossenen Topf in ca. 3 1/2 Std. gar schmoren lassen. Dabei das Fleisch ab und zu wenden und bei Bedarf noch etwas Marinade nachgießen.

5 Dann das Fleisch aus dem Topf nehmen und warm halten, den Teefilter entfernen. Den Schmorsud samt Gemüse und Liebstöckel mit dem Stabmixer fein pürieren. Sahne unterrühren, die Sauce ca. 5 Min. bei starker Hitze einkochen lassen. Mit Preiselbeeren, Salz und Pfeffer abschmecken.

6 Den Sauerbraten in Scheiben schneiden und auf Tellern oder einer großen Platte anrichten. Mit der säuerlichen Sahne-Preiselbeer-Sauce servieren.

Roastbeef mit Kräuter-Salz-Kruste

schön zart | *Zubereitung: ca. 20 Min*
Garen: ca. 2 Std. 30 Min. | *Pro Portion: ca. 315 kcal*

Für 6 Personen

1 kg Roastbeef (samt Fettschicht)
1 EL sehr grob gemahlener schwarzer Pfeffer
3 EL Fleur de Sel (ersatzweise Meersalz)
4 Zweige Rosmarin | 6 Zweige Thymian
2 Knoblauchzehen
6 EL Olivenöl
1 EL flüssiger Honig
abgeriebene Schale von 1 Bio-Zitrone

1 Roastbeef auf der Fleischseite von Sehnen und Häuten befreien. Die Fettschicht kreuzweise einschneiden und das Fleisch rundherum mit Pfeffer und wenig Salz einreiben. Die Kräuter waschen und trocken schütteln, Nadeln und Blättchen abstreifen. Die Knoblauchzehen schälen und sehr fein hacken.

2 In einem Bräter 2 EL Öl erhitzen, Roastbeef darin bei mittlerer Hitze 10–15 Min. rundherum anbraten. Inzwischen den Honig leicht erwärmen und mit dem übrigen Öl, Kräutern, Knoblauch, Zitronenschale und restlichem Salz gut vermischen. Backofen auf 80° (Umluft nicht geeignet) vorheizen.

3 Das Fleisch dann so in den Bräter legen, dass die Fettschicht oben ist. Die Honig-Kräuter-Mischung daraufgeben, gleichmäßig verteilen und leicht andrücken.

4 Das Roastbeef im heißen Backofen (Mitte) in ca. 2 1/2 Std. rosa garen. Dann das Fleisch in Scheiben schneiden und sofort servieren. Nach Belieben vor dem Aufschneiden noch das Kräutersalz abstreifen.

Variante: mit Gewürzbutter

Für 1 kg Roastbeef | 1 **Zimtstange** in grobe Stücke brechen und mit 4 **grünen Kardamomkapseln**, 1 TL **Kreuzkümmelsamen**, 3 **Gewürznelken** und 1 TL **Koriandersamen** im Mörser grob zerstoßen. 1 **Stück frischen Ingwer** (ca. 3 cm) schälen und klein würfeln. 2 **rote Chilischoten** waschen, putzen, entkernen und fein hacken. Alles mit 1 EL **fein abgeriebener Schale** von 1 **Bio-Orange** und 2 EL **weicher Butter** mischen. **Roastbeef** wie links beschrieben vorbereiten, mit **Salz** und **Pfeffer** einreiben und in 2 EL **Butterschmalz** anbraten. Dann die Gewürzbutter auf der Fettschicht verstreichen und das Fleisch im Ofen rosa garen.

Variante: mit Meerrettich

Für 1 kg Roastbeef | 1 **Bund glatte Petersilie** waschen und trocken schütteln, Blättchen grob hacken. 4 **Schalotten** schälen und sehr fein würfeln. 1 **Stück frischen Meerrettich** (ca. 5 cm, ersatzweise 2–3 EL Meerrettich aus dem Glas) schälen und fein reiben. 2 EL **Butter** zerlassen und alles darin anbraten. Mit **Salz** und **Pfeffer** würzen. Das **Roastbeef** wie links beschrieben vorbereiten, mit **Salz** und **Pfeffer** einreiben und in 2 EL **Butterschmalz** anbraten. Dann die Meerrettich-Petersilien-Mischung auf der Fettschicht verstreichen und das Fleisch im Backofen rosa garen.

Gefüllte Kalbsnuss mit Haselnüssen

fein-aromatisch | *Zubereitung: ca. 40 Min* | *Garen: ca. 3 Std. 50 Min.* | *Pro Portion: ca. 460 kcal*

Für 6 Personen

150 g Weißbrot vom Vortag
100 ml Milch
3 Frühlingszwiebeln
1 große Möhre
1 große Petersilienwurzel
1 Zwiebel | 80 g Haselnuss-
kerne | 1 EL Butter
1,2 kg Kalbsnuss (vom Metzger
  gleich eine Tasche einschneiden lassen)
Salz | Pfeffer | 1 Ei (Größe M)
2 EL Öl | 2 TL Puderzucker
100 ml Weißwein
  (ersatzweise Kalbsfond)
400 ml Kalbsfond (aus dem Glas)

Außerdem:

Küchengarn und -nadel

Clever servieren

Servieren Sie die gefüllte Kalbsnuss mal mit einem **Extra-Kick:**
1/2 Bund Petersilie waschen
und trocken schütteln, Blättchen
fein hacken. 100 g Butter in einer
Pfanne zerlassen und die Petersilie
und 5–6 EL gemahlene Haselnüsse
darin bei mittlerer Hitze goldbraun
rösten. Mit Salz, frisch geriebener
Muskatnuss und Cayennepfeffer
würzen. Mit auf den Tisch stellen,
sodass jeder selbst davon nehmen
und auf dem Fleisch verteilen kann.

1 Das Brot in kleine Würfel schneiden. Die Milch erhitzen,
über das Brot gießen und das Brot darin einweichen. Die
Frühlingszwiebeln waschen, putzen und in feine Ringe
schneiden. Die Möhre, Petersilienwurzel und Zwiebel schälen und klein würfeln.

2 Die Haselnüsse grob hacken und in einer Pfanne ohne Fett
bei mittlerer Hitze anrösten, herausnehmen. Die Butter in
der Pfanne zerlassen und die Frühlingszwiebeln darin glasig
braten, auskühlen lassen.

3 Die Kalbsnuss innen und außen mit Salz und Pfeffer einreiben. Frühlingszwiebeln, ca. zwei Drittel der Nüsse und
das Ei zum Brot geben und gründlich vermengen. Mit Salz
und Pfeffer würzen. Die Brot-Nuss-Masse locker in die
Kalbsnuss füllen und die Öffnung zunähen. Backofen auf
90° (Umluft nicht geeignet) vorheizen.

4 Das Öl in einem Bräter erhitzen und die Kalbsbrust bei starker bis mittlerer Hitze darin 7–8 Min. rundherum anbraten;
herausnehmen. Die Möhre, Petersilienwurzel und Zwiebeln
hineingeben und kurz anbraten. Mit Puderzucker bestäuben
und karamellisieren lassen. Wein angießen und in 2–3 Min.
einkochen lassen. Fond dazugeben, den Braten einlegen und
im Ofen (Mitte) ca. 3 1/2 Std. garen.

5 Dann den Backofen auf 70° schalten. Die Kalbsnuss aus dem
Bräter nehmen, auf eine hitzebeständige Platte legen und
im Ofen warm halten. Den Bratenfond einmal aufkochen,
mit dem Stabmixer fein pürieren und bei starker Hitze in
ca. 20 Min. sämig einkochen lassen. Mit Salz und Pfeffer
abschmecken. Den Braten in Scheiben schneiden und mit
der Sauce servieren. Die übrigen Haselnüsse aufstreuen.

Lavendel-
Schweinefilet

ein Hauch von Provence | *Zubereitung: ca. 35 Min*
Garen: 1 Std. 30 Min. | *Pro Portion: ca. 285 kcal*

Für 4 Personen

2 Schweinefilets (je ca. 300 g) | Salz | Pfeffer
20 Stängel Lavendel (möglichst mit Blüten, ersatzweise 4 EL getrocknete Lavendelblüten)
2 EL Olivenöl | 100 ml Weißwein
350 ml Fleisch- oder Gemüsebrühe (Instant)
3 EL Butter | 1 TL Zucker

1 Backofen auf 80° (Umluft nicht geeignet) vorheizen. Schweinefilets trocken tupfen und mit Salz und Pfeffer einreiben. Den Lavendel waschen, trocken schütteln und zwei große Stücke Alufolie dicht damit auslegen. Dabei 4–5 Blätter abzupfen und fein hacken.

2 Das Öl in einer Pfanne erhitzen, Filets darin 5–6 Min. rundherum anbraten. Dann jeweils auf ein Stück Alufolie legen und so darin einwickeln, dass das Fleisch gleichmäßig von Lavendel umgeben ist. Im heißen Backofen (Mitte) ca. 1 Std. 30 Min. garen.

3 Ca. 20 Min. vor Garzeitende den Bratensatz in der Pfanne bei starker Hitze mit Wein und Brühe ablöschen, gehackten Lavendel einrühren, ca. 10 Min. einkochen lassen. Pfanne vom Herd nehmen, die Butter in Flöckchen unterschlagen. Sauce mit Salz, Pfeffer und Zucker würzen. Schweinefilets aus der Folie nehmen, in Scheiben schneiden und kurz in der Sauce wenden.

Madeira-Entenbrust

Unbedingt probieren! | *Zubereitung: ca. 20 Min*
Garen: ca. 50 Min. | *Pro Portion: ca. 485 kcal*

Für 4 Personen

2 Barbarie-Entenbrustfilets (je ca. 300 g)
Salz | Pfeffer | 2 EL Olivenöl | 2 1/2 EL Quittengelee (ersatzweise Johannisbeergelee)
1/4 l Madeira | Cayennepfeffer
100 ml Geflügelfond (aus dem Glas)

1 Ofen auf 90° (Umluft nicht geeignet) vorheizen. Entenbrüste waschen, trocken tupfen und die Haut gitterförmig bis ganz an den Rand einschneiden. Salzen und pfeffern.

2 Das Öl in einer ofenfesten Pfanne erhitzen. Die Entenbrüste mit der Haut nach unten hineinlegen und bei mittlerer Hitze in ca. 5 Min. goldbraun braten. Wenden und die Fleischseiten ca. 1 Min. braten. Dann mit der Hautseite nach oben im heißen Backofen (Mitte) in rund 50 Min. rosa garen. 2 EL Gelee mit 2 EL Madeira verrühren und mit Salz und Cayennepfeffer würzen. Die Filets immer wieder mal damit bestreichen.

3 Nach ca. 35 Min. Garzeit die Pfanne aus dem Ofen nehmen, die Entenbrüste auf Alufolie zurück in den Ofen geben. Bratenfond in der Pfanne entfetten: dafür das oben schwimmende Fett mit einem Esslöffel abnehmen. Übrigen Madeira und Fond angießen, bei starker Hitze in 6–7 Min. auf ein Drittel einkochen. Restliches Gelee unterrühren, salzen und pfeffern. Entenbrüste in dünne Scheiben schneiden, mit der Sauce servieren.

Rehrücken
mit Cranberry-Aprikosen-Ragout

gästefein | *Zubereitung: ca. 1 Std. 30 Min.* | *Pro Portion: ca. 470 kcal*

Für 4 Personen

2 Rehrückenfilets (ca. 700 g)
Salz | Pfeffer
2 EL Butterschmalz
50 g Zucker
100 g frische Cranberrys
50 g getrocknete Aprikosen
1 Sternanis | 1 Stange Zimt
1 Zwiebel
1 Bund Suppengrün
1/4 l Rotwein
300 ml Wildfond (aus dem Glas)

Besonders clever!

Cranberrys gibt es **frisch** von Ende September bis Anfang Februar im gut sortierten Supermarkt oder Gemüseladen zu kaufen. Verpackt sind sie meist im luftdurchlässigen Klarsichtbeutel. Darin lassen sie sich dank ihrer festen Schale im Gemüsefach des Kühlschranks mehrere Wochen aufbewahren – ohne Qualitätsverlust. Wenn Sie die säuerlichen roten Beeren außerhalb der Saison zubereiten möchten: einfrieren und nach Bedarf portionsweise wieder auftauen. **Getrocknete Beeren** 1–2 Std. mit Fruchtsaft oder Wasser bedeckt ziehen lassen – so kann man sie wie frische Früchte verwenden.

1 Den Backofen auf 90° (Umluft nicht geeignet) vorheizen, eine hitzebeständige Platte hineinstellen (Mitte). Die Rehrückenfilets von den Sehnen und Häuten befreien, mit Salz und Pfeffer würzen.

2 In einer großen Pfanne 1 EL Butterschmalz zerlassen und die Filets darin bei starker Hitze ca. 5 Min. rundherum anbraten. Auf die Platte im Backofen geben und in ca. 1 1/4 Std. rosa garen. Die Pfanne beiseitestellen.

3 Inzwischen den Zucker mit 80 ml Wasser aufkochen. Die Cranberrys dazugeben und 5 Min. leicht kochen lassen, bis die Beeren aufplatzen. Die Aprikosen in dünne Streifen schneiden und mit Sternanis und Zimtstange untermischen. Vom Herd nehmen und ziehen lassen, bis die Früchte gebraucht werden.

4 Die Zwiebel schälen, das Suppengrün waschen und putzen. Alles in sehr kleine Würfel schneiden. Das übrige Schmalz in der Pfanne mit dem Bratensatz erhitzen. Zwiebeln und Gemüse darin anbraten. Mit dem Rotwein und Wildfond ablöschen und bei starker Hitze in ca. 20 Min. auf die Hälfte einkochen lassen. Zur Seite stellen.

5 Kurz vor Garzeitende der Filets die Sauce wieder erwärmen und mit dem Stabmixer fein pürieren. Die Cranberrys und die Aprikosen untermischen, Sternanis und Zimtstange entfernen. Das Ragout mit Salz und Pfeffer abschmecken.

6 Die Rehrückenfilets aus dem Ofen nehmen und schräg in dünne Scheiben schneiden. Mit dem Cranberry-Aprikosen-Ragout servieren.

1

2

3

Schweinebraten mit Biersauce

schön knusprig | *Zubereitung: ca. 25 Min.* | *Garen: ca. 3 Std.* | *Pro Portion: ca. 240 kcal*

Für 8 Personen

2 Möhren
1 große Petersilienwurzel
1 Zwiebel
2 Lorbeerblätter
1 EL Kümmelsamen
1/2 l Gemüsebrühe (Instant)
Salz | Pfeffer
1 1/2 kg Schweineschulter
(mit Fett und Schwarte)
1 EL Butterschmalz
1 EL Tomatenmark
200 ml Bier (z. B. Malzbier,
   helles oder dunkles Bier)

Mediterrane Variante

Soll es aromatisch mal eher in **Richtung Mittelmeer** gehen, einfach den Kümmel weglassen und je 2 Rosmarin-, Thymian-, Salbei- und Majoranzweige zum Gemüse geben. Außerdem mit dem Tomatenmark 2 geschälte Knoblauchzehen in Olivenöl statt in Butterschmalz anbraten und das Ganze nicht mit Bier, sondern mit Rot- oder Weißwein ablöschen.

1 Den Backofen auf 100° vorheizen. Die Möhren und die Petersilienwurzel schälen und in grobe Stücke schneiden. Die Zwiebel schälen, halbieren und die Schnittflächen in einem Bräter ohne Fett bei starker Hitze kräftig anbräunen. Möhren, Petersilienwurzel, Lorbeerblätter und Kümmel dazugeben. Mit Gemüsebrühe aufgießen und einmal aufkochen lassen. Mit Salz und Pfeffer kräftig würzen.

2 Die Schweineschulter mit der Schwarte nach unten in die Brühe in den Bräter legen (**Bild 1**). In den Ofen (Mitte, Umluft 80°) schieben und 1 1/2 Std. sanft garen lassen.

3 Dann das Fleisch aus dem Bräter nehmen und die Schwarte mit einem scharfen Messer rautenförmig so einschneiden, dass man den Braten später gut in Scheiben teilen kann (**Bild 2**). Brühe und Gemüse aus dem Bräter gießen, den Bräter mit Küchenpapier trocken tupfen. Die Ofentemperatur auf 160° (Umluft 140°) erhöhen.

4 Das Schmalz im Bräter zerlassen und das Tomatenmark darin bei mittlerer Hitze anbraten. Nach und nach mit Bier ablöschen und immer wieder etwas einkochen lassen. Die Brühe und das Gemüse wieder dazugeben und alles aufkochen lassen.

5 Schweineschulter mit der Schwarte nach oben in den Bräter legen. Im Ofen (Mitte) 1 1/4 Std. braten. Dann den Grill des Backofens zuschalten und die Schulter 10–15 Min. grillen, bis die Bratenschwarte knusprig ist.

6 Bräter aus dem Ofen nehmen. Sauce durch ein Sieb gießen und so viel von dem Gemüse durchstreichen, dass sie leicht sämig wird (**Bild 3**). Mit Salz und Pfeffer abschmecken. Den Braten in Scheiben schneiden und mit der Sauce servieren.

Hackbraten
mit Ratatouille-Feta-Füllung

mediterran | *Zubereitung: ca. 50 Min.* | *Braten: ca. 50 Min.* | *Pro Portion: ca. 430 kcal*

Für 6 Personen

Für den Fleischteig:

1 Zwiebel
1 EL Olivenöl
50 ml Milch
1 Brötchen vom Vortag
2 Eier (Größe L)
1 EL Tomatenmark
500 g gemischtes Hackfleisch
Salz | Pfeffer

Für die Füllung und die Sauce:

1 Aubergine
1 Zucchino
je 1 rote und gelbe
  Paprikaschote
4 EL Olivenöl
1 Knoblauchzehe
Salz | Pfeffer
100 g Schafkäse (Feta)
200 ml Fleisch- oder
  Gemüsebrühe (Instant)
200 g Kirschtomaten

1 Für den Fleischteig die Zwiebel schälen und fein würfeln. Das Öl in einem Schmortopf erhitzen und die Zwiebeln darin glasig braten, dann herausnehmen.

2 Für die Füllung Aubergine, Zucchino und Paprika waschen, putzen und in ca. 1 1/2 cm große Würfel schneiden. 2 EL Öl im Schmortopf erhitzen und die Gemüsewürfel darin anbraten. Knoblauch schälen und dazupressen, salzen und pfeffern. Ratatouille abgedeckt bei mittlerer Hitze 20 Min. schmoren. Abschmecken und kurz abkühlen lassen.

3 Für den Fleischteig die Milch erwärmen. Das Brötchen würfeln und in der Milch einweichen. Dann mit den angebratenen Zwiebeln, den Eiern, Tomatenmark und Hackfleisch gründlich vermengen. Mit Salz und Pfeffer würzen.

4 Den Backofen auf 200° vorheizen. Den Fleischteig zu einem länglichen Laib formen und in der Mitte längs eine tiefe Mulde eindrücken. Ca. ein Drittel der abgekühlten Ratatouille darin verteilen und den Feta darüberbröseln. Den Fleischteig über der Füllung gut zusammendrücken.

5 Das übrige Öl in einer Bratreine oder ofenfesten Pfanne erhitzen. Hackbraten vorsichtig hineinsetzen und 4–5 Min. rundum anbraten. Dann in den Ofen (Mitte, Umluft 180°) schieben, die Brühe angießen und den Braten in ca. 50 Min. goldbraun garen. Ab und zu mit Bratensaft beschöpfen.

6 Nach der Hälfte der Garzeit die Tomaten waschen, halbieren und mit dem übrigen Ratatouille-Gemüse neben dem Braten verteilen. Den fertigen Hackbraten in nicht zu dünne Scheiben schneiden und mit Sauce und Ratatouille servieren.

Putenbrust
mit Dörrobstfüllung

fein kombiniert | *Zubereitung: ca. 35 Min.* | *Garen: ca. 40 Min.* | *Pro Portion: ca. 745 kcal*

Für 4 Personen

1 Stück frischer Ingwer
(ca. 3 cm)
1 Zwiebel
150 g gemischtes Dörrobst
(z. B. getrocknete Aprikosen,
Pflaumen, Birnen und Apfel-
scheiben)
1/2 Bund glatte Petersilie
4 EL Olivenöl
2 cl Aprikosengeist (ersatzweise
Calvados oder Apfelsaft)
1/2 l Geflügelfond
(aus dem Glas)
Salz
1/2 TL Chiliflocken
1 Putenbrust (ca. 800 g,
ein möglichst dickes Stück)
Pfeffer
100 g Frühstücksspeck (Bacon)
in Scheiben
100 g Crème fraîche

1 Den Ingwer schälen und sehr klein würfeln. Zwiebel schälen und mit dem Dörrobst in kleine Würfel schneiden. Petersilie waschen, trocken schütteln und fein hacken. 2 EL Öl erhitzen und alles darin anbraten. Mit Aprikosengeist und 50 ml Geflügelfond ablöschen, mit Salz und Chili würzen. Die Füllung quellen und abkühlen lassen.

2 Inzwischen die Putenbrust mehrmals in ca. 2 cm Abstand so einschneiden (quer zur Faser), dass das Fleisch unten noch gut zusammenhält und kleine Taschen entstehen (**Bild 1**). Backofen auf 180° vorheizen.

3 Übriges Öl in einer Bratreine verteilen. Die Putenbrust salzen und pfeffern. Das Dörrobst in die Fleischtaschen füllen (**Bild 2**) und die Öffnungen so gut es geht wieder zusammendrücken (**Bild 3**). Putenbrust mit den Einschnitten nach oben vorsichtig in die Reine legen, dicht mit Speckscheiben belegen. Im Ofen (Mitte, Umluft 160°) ca. 40 Min. braten. Dabei immer wieder mit dem übrigen Fond begießen.

4 Den Braten aus der Reine nehmen und warm halten. Den Bratensatz einmal aufkochen, die Crème fraîche einrühren. Die Sauce bei starker Hitze sämig einkochen lassen, salzen und pfeffern. Putenbrust in Scheiben schneiden, mit der Sauce servieren.

Besonders clever!

Unbedingt mal probieren – **Aroma-Braten im Pergamentpapier:** 1 große rote Zwiebel schälen und in Spalten schneiden. 2 Knoblauchzehen schälen und in feine Scheiben schneiden. 300 g Kirschtomaten waschen und halbieren. 1 Zucchino waschen, putzen und grob würfeln. Alles in der Mitte eines großen Stücks Pergamentpapier ausbreiten, mit 2 EL Olivenöl beträufeln und salzen und pfeffern. Gefüllte Putenbrust (ohne den Bacon) daraufsetzen und das Papier möglichst locker darüberschlagen; die Enden mit Küchengarn zubinden. Im 160° heißen Ofen (Mitte, Umluft einschalten) 40–45 Min. garen. Im Papiermantel servieren und erst am Tisch öffnen.

Scharfes Zitronen-Orangen-Huhn

mit Aroma-Kick | *Zubereitung: ca. 35 Min*
Garen: ca. 55 Min. | *Pro Portion: ca. 360 kcal*

Für 4 Personen

1/2 kleine Bio-Orange | 1 kleine Bio-Zitrone
2 Knoblauchzehen | 1/2 Bund glatte Petersilie
50 g weiche Butter | Salz | 1 TL Chiliflocken
1 großes Brathuhn (ca. 1 1/2 kg, z. B. Kapaun,
Maispoularde, Bresse-Huhn) | Pfeffer

1 Orange und Zitrone heiß waschen. Schale abreiben, die Früchte in Spalten schneiden. Knoblauch schälen und durchpressen. Die Petersilie waschen, trocken schütteln und die Hälfte fein hacken. Die Butter mit gehackter Petersilie, Zitrusschale und dem Knoblauch mischen. Mit Salz und Chili würzen.

2 Den Backofen auf 220° vorheizen. Das Huhn waschen und trocken tupfen. Mit einem Esslöffelstiel vorsichtig so weit wie möglich zwischen Haut und Fleisch fahren und die Haut rundherum lösen. Zitrusbutter mit einem Backpinsel unter die Haut schieben und mit den Händen gleichmäßig einmassieren. Die Bauchhöhle salzen und pfeffern, die Zitrusspalten und Petersilienstängel hineinstecken.

3 Huhn mit Salz und Pfeffer einreiben und mit einer Seite (also nicht auf Brust oder Rücken) in eine Bratreine legen. Im Ofen (Mitte, Umluft 200°) ca. 40 Min. braten, dabei ab und zu mit Bratensaft beschöpfen. Zur Halbzeit auf die andere Seite drehen.

4 Dann das Huhn nochmals wenden, diesmal soll die Brust nach oben zeigen. In weiterer 10–15 Min. gar und knusprig braten.

Variante: Teriyaki-Hähnchen

Für 4 Personen | Backofengrill vorheizen. **3–4 cm frischen Ingwer** und **1 Knoblauchzehe** schälen. **1 Chilischote** waschen, putzen, entkernen. Alles fein hacken und mit **3 EL Honig, 3 EL Teriyaki-** oder **Sojasauce, 2 TL dunklem Sesam-Würzöl** und **Salz** verrühren. Vorbereitetes **Hähnchen** mit der Geflügelschere entlang des Rückgrats aufschneiden, aufklappen und mit einem kräftigen Schlag flach drücken. Mit der Haut nach unten auf den Rost legen (Backblech darunter), mit Marinade bepinseln und im Ofen (15 cm Abstand zur Hitzequelle) 20 Min. grillen. Wenden, mit übriger Marinade bestreichen und in ca. 30 Min. fertig grillen.

Variante: Calvados-Hähnchen

Für 4 Personen | **2 große Äpfel** schälen, entkernen und in dünne Spalten schneiden. **900 g Süßkartoffeln** schälen und 1 cm groß würfeln. **1 Bund Frühlingszwiebeln** waschen, putzen, grob schneiden. Mit **3 Zweigen Rosmarin** (in 4-cm-Stücken), **100 ml Calvados, 200 ml Geflügelbrühe** (Instant), **2 EL Öl, Salz** und **Pfeffer** in einer Reine mischen. Einen Teil davon in den Bauch des vorbereiteten **Hähnchens** füllen, **2 EL Calvados** hineinträufeln, mit Holzspießen verschließen. Hähnchen mit **Salz** und **Pfeffer** einreiben und in die Reine setzen. Im 160° heißen Ofen (unten, Umluft 140°) 1 Std. braten, dabei ab und zu mit **4–5 EL Calvados** bepinseln. Dann in 15–20 Min. bei 240° (Umluft 220°) knusprig bräunen.

Die besten Beilagen

Ohne sie läuft nichts, denn sie bringen nicht nur Farbe auf den Teller, sondern helfen auch beim Sattmachen und Sauce auftunken. Wählen Sie Ihre Lieblinge: von Kartoffelknödeln bis Pinienkern-Nudeln, von Zitronen-Couscous bis Ricotta-Gemüse.

Für 4 Personen

1 kleine Zwiebel
3 EL Olivenöl
120 g Instant-Polenta
1 Ei (Größe L)
80 g Mascarpone
50 g frisch geriebener
   Parmesan
Salz | Pfeffer
Muskatnuss, frisch gerieben
1 EL Butter

Geröstete Polenta

Italo-Klassiker | *im Bild links* | *Zubereitung: ca. 40 Min.*
Abkühlen: ca. 2 Std. | *Pro Portion: ca. 355 kcal*

1 Die Zwiebel schälen, fein würfeln und in 1 EL Öl glasig braten. 1/4 l Wasser dazugießen und einmal aufkochen. Polenta einrühren und zugedeckt bei kleiner Hitze ca. 5 Min. mehr quellen als kochen lassen, ab und zu umrühren.

2 Das Ei trennen. Eigelb, Mascarpone und Parmesan unter die Polenta rühren. Mit Salz, Pfeffer und Muskat würzen, etwas abkühlen lassen. Das Eiweiß mit 1 Prise Salz steif schlagen, unter die Polenta heben. Die Masse 1 cm dick auf ein feuchtes Brett streichen, in ca. 2 Std. kalt und fest werden lassen.

3 Dann Polenta in Rechtecke schneiden. Übriges Öl und die Butter in einer Pfanne erhitzen. Die Polentastücke darin bei mittlerer Hitze in 4–5 Min. pro Seite goldbraun rösten.

Kartoffelsalat
mit Radieschen

erfrischend einfach | *Zubereitung: ca. 25 Min.*
Marinieren: ca. 1 Std. | *Pro Portion: ca. 195 kcal*

Für 4 Personen

800 g festkochende Kartoffeln | Salz
200 ml Gemüsebrühe (Instant)
je 1 EL körniger und süßer Senf
6 EL Weißweinessig oder Balsamico bianco
3 EL Olivenöl | Pfeffer | 1 Bund Radieschen
1 Bund Frühlingszwiebeln
1 Kästchen Gartenkresse oder 1 Handvoll
   Brunnenkresse oder Portulak

1 Die Kartoffeln waschen und in Salzwasser
   in 20–25 Min. gar kochen. Abgießen und
   ausdampfen lassen, noch heiß pellen und
   in nicht zu dünne Scheiben schneiden.

2 Die Brühe erhitzen und mit Senf, Essig und
   Öl unter die Kartoffeln mischen. Mit Salz
   und Pfeffer würzen und den Salat abgedeckt
   ca. 1 Std. durchziehen lassen.

3 Dann die Radieschen waschen, putzen und
   in dünne Scheiben schneiden. Frühlingszwiebeln waschen, putzen, in feine Ringe
   schneiden. Gartenkresse mit der Küchen-
   schere vom Beet schneiden. Oder Brunnenkresse bzw. Portulak waschen, trocken
   schleudern und grobe Stängel abzwicken.

4 Die Radieschen und die Zwiebeln unter den
   Salat mischen, abschmecken. Kresse oder
   Portulak aufstreuen. Sofort servieren.

Kartoffelknödel
halb und halb

ganz klassisch
Zubereitung: ca. 45 Min. | *Pro Portion: ca. 220 kcal*

Für 4 Personen (8 Knödel)

1 kg mehligkochende Kartoffeln | Salz
3 EL Speisestärke (50 g) | 2 EL Quark
2 Eigelbe (Größe L)

1 Kartoffeln waschen und die Hälfte davon in
   Salzwasser in 20–25 Min. gar kochen. Abgie-
   ßen, ausdampfen lassen, pellen, durch die
   Kartoffelpresse drücken, auskühlen lassen.

2 Übrige Kartoffeln schälen und fein reiben
   (am besten in der Küchenmaschine). Dann
   auf ein Küchentuch geben, gut zusammen-
   drehen und alle Flüssigkeit herauspressen.

3 Alle Kartoffeln mit Stärke, Quark, Eigelb
   und Salz in einer Schüssel zu einem gut
   formbaren, glatten Knödelteig verarbeiten.

4 Reichlich Salzwasser zum Kochen bringen.
   Einen kleinen Probeknödel formen und ins
   Wasser geben. Zerfällt er, noch etwas Stärke
   unter den Teig arbeiten. Ist er zu zäh, noch
   Quark zugeben. Dann mit angefeuchteten
   Händen acht gleich große Knödel formen,
   ins kochende Salzwasser geben und bei klei-
   ner Hitze in 15–20 Min. gar ziehen lassen.

Clever genießen
4–5 EL **kleine Brotwürfel** in etwas Butter goldbraun
rösten und die Knödel beim Formen damit füllen.

Ofenkartoffeln
mit Gemüse

bunt und deftig | *Zubereitung: ca. 30 Min*
Garen: ca. 55 Min. | *Pro Portion: ca. 100 kcal*

Für 6 Personen

500 g kleine junge festkochende Kartoffeln
1 Stange Lauch | 1 große gelbe Paprikaschote
2 Möhren | 2 TL Pfefferkörner
8 kleine Zweige Rosmarin | 2 EL Olivenöl
150 ml Gemüsebrühe (Instant)
Meersalz | 100 g Kirschtomaten

1 Die Kartoffeln waschen und längs halbieren.
Lauch putzen, längs einschneiden, waschen
und in 4–5 cm große Stücke schneiden.
Die Paprikaschote putzen, waschen und
in grobe Stücke schneiden. Möhren schälen
und in ca. 3 cm dicke Stücke schneiden.
Den Backofen auf 180° vorheizen.

2 Die Pfefferkörner im Mörser zerstoßen,
den Rosmarin waschen und trocken schütteln. Das Öl in einer Bratreine erhitzen und
Kartoffeln und Gemüse darin kräftig anbraten. Mit der Brühe ablöschen und salzen,
den Pfeffer sowie den Rosmarin dazugeben
und alles gut durchmischen. Mit Alufolie
abdecken und im Ofen (Mitte, Umluft 160°)
ca. 40 Min. braten.

3 Die Tomaten waschen. Die Folie von der
Reine nehmen und Kartoffeln und Gemüse
nochmals gut durchmischen. Die Tomaten
dazugeben und alles offen in weiteren
15 Min. im Backofen goldbraun bräunen.

Bratkartoffeln
mit Kräutern

knusprig und kräuterwürzig
Zubereitung: ca. 50 Min. | *Pro Portion: ca. 230 kcal*

Für 4 Personen

1 kg festkochende Kartoffeln
4 EL Butterschmalz oder Olivenöl
2 Zwiebeln | 2 kleine Zweige Rosmarin
4 Zweige Thymian | 4 Stängel Oregano
1/2 Bund glatte Petersilie | Salz | Pfeffer

1 Kartoffeln schälen, waschen und in dünne
Scheiben schneiden. In zwei beschichteten
großen Pfannen jeweils 1 EL Schmalz oder
Öl erhitzen. Die Kartoffelscheiben gleichmäßig darin verteilen, sodass sie nebenein-
ander Platz haben. Abdecken und bei kleiner
bis mittlerer Hitze 10 Min. braten.

2 Inzwischen die Zwiebeln schälen und klein
würfeln. Kräuter waschen und trocken
schütteln, die Blättchen von den Stängeln
zupfen und sehr grob hacken.

3 Dann die Kartoffeln durchrühren und wenden, das restliche Schmalz oder Öl dazugeben. Rosmarin, Thymian, Oregano und
Zwiebeln untermischen und die Kartoffeln
abgedeckt weitere 10 Min. braten.

4 Zum Schluss die Hitze erhöhen und die Kartoffeln offen unter Rühren in 15–20 Min.
goldbraun und knusprig braten. Salzen,
pfeffern, mit gehackter Petersilie bestreuen.

Gebackene Sahne-Kartoffeln

Klassiker mal anders | *Zubereitung: ca. 15 Min.* | *Backen: ca. 1 Std.* | *Pro Portion: ca. 285 kcal*

Für 6 Personen

1 kg vorwiegend fest-
  kochende Kartoffeln
Salz | Pfeffer
1 kleine Knoblauchzehe
100 ml Weißwein (ersatz-
  weise Gemüsebrühe)
200 g Sahne
125 g Crème fraîche
1 TL mittelscharfer Senf

1 Backofen auf 180° vorheizen. Kartoffeln schälen, waschen und in 2–3 mm dicke Scheiben schneiden oder hobeln. In einer großen, flachen Auflauf- oder Gratinform gleichmäßig dünn verteilen, dann salzen und pfeffern.

2 Den Knoblauch schälen und durch die Presse drücken. Mit Wein (oder Brühe), Sahne, Crème fraîche und Senf verrühren. Mit Salz und Pfeffer würzen. Die Sahnemischung so auf den Kartoffeln verteilen, dass sie davon bedeckt sind. Im Ofen (Mitte, Umluft 160°) in ca. 1 Std. goldbraun backen.

Clever variieren

Für **feinfruchtiges Aroma** einen Teil der Kartoffeln (ca. 200 g) durch Birnen oder Äpfel ersetzen. Und für ein **kräuterwürziges Gratin** 1 Bund Bärlauch waschen, trocken schütteln, fein schneiden und mit den Kartoffeln in der Form verteilen. **Liebhaber von Rucola** nehmen davon 1/2 Bund und streuen die gewaschenen, zerkleinerten Blätter über die gebackenen Sahne-Kartoffeln. **Käsefans** schichten 100 g geriebenen Käse (z. B. Parmesan, Greyerzer, Cheddar) oder Käsestückchen (z. B. Feta, Ricotta) samt Kartoffeln in die Form.

Clever tauschen

So wird's **klassisch:** Statt Wein oder Brühe und Crème fraîche nur Sahne nehmen. Den Senf weglassen, dafür mit frisch geriebener Muskatnuss würzen.

Feines Kartoffelpüree

so richtig »fluffig« | *Zubereitung: ca. 30 Min.* | *Pro Portion: ca. 250 kcal*

Für 6 Personen

1 kg mehligkochende Kartoffeln
 (eine möglichst späte Sorte)
Salz | 50 g Butter
150 ml Milch | 150 g Sahne
weißer Pfeffer
Muskatnuss, frisch gerieben

Clever tauschen

Noch cremiger wird das Püree, wenn Sie statt der Sahne die gleiche Menge Crème fraîche oder Mascarpone unter die Kartoffeln rühren. Auch fein: Ricotta oder Frischkäse. Für eine **leichte Variante** keine Sahne, sondern einfach Gemüsebrühe unterschlagen.

1 Die Kartoffeln schälen, waschen und in ca. 3 cm große Würfel schneiden. In einen Topf geben, knapp mit Salzwasser bedecken und in ca. 15 Min. gar kochen.

2 Inzwischen die Butter in einem kleinen Topf bei mittlerer Hitze schmelzen und goldbraun werden lassen. Die Milch und die Sahne erhitzen.

3 Kartoffeln abgießen und durch eine Kartoffelpresse zurück in den Topf drücken. Mit den Schneebesen des Handrührgeräts (kleinste Stufe!) die gebräunte Butter sowie die heiße Milch und Sahne möglichst locker unterschlagen (nicht zu viel rühren!). Mit Salz, Pfeffer und Muskat würzen.

Clever servieren

Für eine ebenso simple wie leckere **Bröselbutter** 100 g Butter schmelzen, 50 g Semmelbrösel darin goldbraun rösten und auf dem Kartoffelpüree verteilen. Oder **1 Bund Frühlingszwiebeln** waschen, putzen und in dünne Ringe schneiden. In 1 EL Olivenöl andünsten und mit der Sahne unter die Kartoffeln heben.

Safran-Spätzle

ganz elegant in Gelb
Zubereitung: ca. 30 Min. | Pro Portion: ca. 545 kcal

Für 4 Personen

Salz | 3 EL Butter
1 Döschen gemahlener Safran (0,1 g)
400 g Mehl (am besten Spätzlemehl;
  ersatzweise Weizenmehl Type 405)
6 Eier (Größe L)

1 In einem großen, breiten Topf reichlich Salz-wasser aufkochen. Die Butter in einer gro-ßen Pfanne zerlassen und warm halten (am besten bei 80° im vorgeheizten Ofen). Safran mit 100 ml heißem Wasser verrühren.

2 Das Mehl mit 1 EL Butter, den Eiern, dem Safranwasser und 1 TL Salz mit den Knet-haken des Handrührgeräts zu einem glatten und zähen Teig verarbeiten, der Blasen wirft. Falls nötig, noch etwas Wasser dazugeben.

3 Nach und nach Teig in den Spätzlehobel oder die -presse füllen und in das Wasser hobeln bzw. drücken. Die Spätzle jeweils kurz aufkochen lassen, bis sie an der Wasser-oberfläche schwimmen. Mit dem Schaum-löffel herausheben und in die Pfanne mit der übrigen geschmolzenen Butter geben. Zum Schluss durchmischen und mit Salz würzen.

Clever tauschen

Statt Gelb mal Grün? Statt Safran **1 Bund Kräuter** (z. B. Petersilie, Basilikum, Kerbel) waschen, trocken schütteln, Blättchen klein schneiden, in 2 EL Butter kurz andünsten und unter den Teig arbeiten.

Pinienkern-Pfeffer-Nudeln

mit feinscharfer Note
Zubereitung: ca. 15 Min. | Pro Portion: ca. 400 kcal

Für 4 Personen

300 g Spaghetti, Linguine oder Trenette
Salz | 2 EL Pinienkerne
1 EL eingelegte grüne oder rosa Pfefferkörner
  (aus dem Glas)
4 EL Olivenöl | 2 EL Zitronensaft

1 Für die Nudeln in einem großen Topf reich-lich Wasser zum Kochen bringen und salzen. Die Nudeln darin nach Packungsanweisung bissfest garen.

2 Inzwischen die Pinienkerne in einer Pfanne ohne Fett bei mittlerer Hitze goldbraun rösten und mit den Pfefferkörnern grob hacken. Beides mit Olivenöl und Zitronen-saft mischen, salzen. Eine große Schüssel zum Vorwärmen mit heißem Wasser füllen.

3 Nudeln in ein Sieb abgießen. Wasser aus der Schüssel schütten und Nudeln samt vorbe-reiteten Zutaten hineingeben, gut mischen. Mit Salz abschmecken und sofort servieren.

Clever variieren

Wenn Sie sich **an den Nudeln satt essen** möchten (dann 500 g nehmen), mischen Sie zusätzlich je 150 g rote und gelbe Kirschtomaten – halbiert und kurz angebraten – mit unter die Pasta. Dazu kom-men noch 1 Handvoll Basilikumblättchen (am bes-ten griechisches Busch-Basilikum) und 80 g grob zerbröckelter Gorgonzola – einfach perfekt!

Zitronen-Couscous

Schmeckt nach Sommer! | *Zubereitung: ca. 10 Min.*
Durchziehen: 1 Std. | *Pro Portion: ca. 335 kcal*

Für 4 Personen

2 kleine Bio-Zitronen | Salz
250 g Instant-Couscous | 2 EL Butter
4 EL Olivenöl | Pfeffer

1 Die Zitronen heiß waschen, die Schale fein abreiben und den Saft auspressen. Schale mit kochend heißem Wasser übergießen und 1 Std. ziehen lassen (das entzieht der Schale die Bitterstoffe), dann abgießen.

2 Anschließend 1/4 l Salzwasser aufkochen. Couscous unterrühren, den Topf vom Herd nehmen und den Couscous 5 Min. quellen lassen. Den Topf zurück auf die Herdplatte stellen, Butter und Öl unterrühren. Mit Salz, Pfeffer, Zitronensaft und -schale würzen.

Clever variieren

Für **Tomaten-Kräuter-Couscous** 300 g richtig aromatische Tomaten waschen und in kleine Würfel schneiden, dabei die Stielansätze entfernen. 1 Bund glatte Petersilie waschen, trocken schütteln und die Blättchen grob hacken. Beides ganz kurz in 2 EL Olivenöl anbraten, unter das fertige Couscous rühren – fertig! Auch sehr fein: Statt der Tomaten mal 350 g Zucchini-, Möhren- und/oder bunte Paprikawürfel anbraten und einen **Gemüse-Couscous** zaubern. Wer mag, rührt dazu noch 2 Frühlingszwiebeln in feinen Ringen mit unter. **Lust auf Couscous-Salat?** Auch das ist kein Problem. Beide Couscous-Gerichte für 1 Std. in den Kühlschrank stellen und dann noch mit etwas Zitronensaft, Salz und Pfeffer abschmecken.

Süßsaure Linsen

einfach fein
Zubereitung: ca. 40 Min. | *Pro Portion: ca. 180 kcal*

Für 4 Personen

1 Möhre | 1 kleine Zwiebel | 1 Knoblauchzehe
1 EL Butter | 1 EL Olivenöl
150 g geschälte gelbe Linsen (aus dem Supermarkt oder Orientladen)
1/4 l Gemüsebrühe (Instant)
2 große Tomaten | 3 EL Balsamico bianco
1 TL flüssiger Honig
Salz | Cayennepfeffer

1 Die Möhre und die Zwiebel schälen und in winzig kleine Würfel schneiden. Den Knoblauch schälen und durch die Presse drücken. Die Butter und das Olivenöl in einem Topf erhitzen. Möhre, Zwiebel und Knoblauch darin bei mittlerer Hitze glasig braten.

2 Die Linsen mit in den Topf geben und 1 Min. mitbraten. Mit der Brühe ablöschen und zugedeckt bei kleiner Hitze 15–20 Min. garen, bis die Linsen bissfest sind.

3 Inzwischen die Stielansätze der Tomaten herausschneiden und die Haut kreuzweise einritzen. Tomaten mit kochend heißem Wasser überbrühen, häuten, entkernen und in kleine Würfel schneiden.

4 Die Tomaten unter die Linsen mischen und alles weitere 5 Min. garen, bis die Linsen weich sind. Zum Schluss den Essig und den Honig untermischen und alles mit Salz und Cayennepfeffer abschmecken.

Gedünsteter
Rucolareis

mediterran | *Zubereitung: ca. 10 Min*
Garen: ca. 20 Min. | *Pro Portion: ca. 240 kcal*

Für 4 Personen

2 Schalotten | 3 EL Butter
200 g Langkornreis (z. B. Basmati)
350 ml Gemüsebrühe (Instant)
1 kleines Bund Rucola | Salz | Pfeffer

1 Die Schalotten schälen, fein würfeln und
in 1 EL Butter bei mittlerer Hitze goldgelb
braten. Den Reis untermischen und 1 Min.
mitbraten. Die Brühe angießen und einmal
aufkochen. Dann den Reis zugedeckt bei
kleinster Hitze ca. 20 Min. garen.

2 Rucola waschen und trocken schütteln, dicke
Stängel abzwicken, Blätter grob hacken. Mit
der übrigen Butter in Flöckchen unter den
Reis mischen, mit Salz und Pfeffer würzen.

Asia-Variante

Feines aus der Pfanne: **gebratener Reis.** Dafür 3 cm
frischen Ingwer und 1 Knoblauchzehe schälen.
1 rote Chilischote waschen, putzen und entkernen.
Alles sehr fein hacken. 1 Bund Frühlingszwiebeln
waschen, putzen, in dünne Ringe schneiden.
2 EL Öl in einer großen beschichteten Pfanne erhitzen. 500 g gegarten Reis (vom Vortag) bei mittlerer
Hitze ca. 10 Min. braten, in eine Schüssel füllen
und abdecken. 1 EL Öl in die Pfanne geben und Ingwer, Knoblauch, Chili und Zwiebeln 2–3 Min. braten.
Mit 2 EL Sojasauce und Saft von 1 Limette würzen.
Reis und 3 EL gehacktes Koriandergrün untermischen.

Zartweizen-Spargel-
Ragout

neu kombiniert
Zubereitung: ca. 30 Min. | *Pro Portion: ca. 150 kcal*

Für 6 Personen

je 6 Stangen weißer und grüner Spargel
1 Schalotte | 1 EL Olivenöl
200 g Zartweizen (Ebly) | Saft von 1 Orange
300 ml Gemüsebrühe (Instant) | 1/4 Bund
glatte Petersilie | Salz | Cayennepfeffer

1 Den Spargel waschen und die Enden abschneiden. Weiße Stangen ganz, die grünen
nur im unteren Drittel schälen. Den Spargel
schräg in ca. 1 cm breite Stück schneiden.
Die Schalotte schälen und fein würfeln.

2 Das Öl erhitzen und die Schalotten darin
glasig braten. Zartweizen untermischen
und kurz mitbraten. Mit Orangensaft
ablöschen, die Brühe angießen und den
Zartweizen zugedeckt bei mittlerer Hitze
10–15 Min. garen. Nach ca. 5 Min. den
Spargel unterrühren und mitgaren.

3 Die Petersilie waschen und trocken schütteln, die Blättchen fein hacken. Das Ragout
mit Salz und Cayennepfeffer würzen, die
Petersilie untermischen.

Clever variieren

Mögen Sie es sahniger? Dann rühren Sie doch noch
3 EL Crème fraîche unter das Ragout. Statt Petersilie
schmeckt auch **1 Handvoll Kerbelblättchen,** fein
geschnittene **Rucola** oder **Frühlingszwiebelstreifen.**

Erbsenpüree mit Butternüssen

Lieblingsgemüse | *Zubereitung: ca. 40 Min.* | *Pro Portion: ca. 430 kcal*

Für 4 Personen

400 g mehligkochende
Kartoffeln | Salz
2 Schalotten | 1 EL Olivenöl
600 g TK-Erbsen
2 EL Anisschnaps
100 ml Gemüsebrühe (Instant)
Pfeffer
4 EL Haselnussblättchen
80 g Butter
1 TL Puderzucker

Clever tauschen

Anis ist nicht gerade Ihr Fall? Dann
ersetzen Sie den Schnaps durch
100 ml **Weißwein** und verfeinern
das Püree mit 3 EL frisch geriebenem **Parmesan oder Greyerzer.**

1 Die Kartoffeln schälen, waschen und in ca. 3 cm große
Würfel schneiden. In einen Topf geben, knapp mit Salzwasser bedecken und in ca. 15 Min. weich kochen.

2 Inzwischen die Schalotten schälen und klein würfeln. Das
Öl in einem Topf erhitzen und die Schalotten darin glasig
braten. Erbsen unaufgetaut dazugeben, mit Anisschnaps ablöschen und mit Brühe aufgießen. 3–4 Min. kochen lassen.

3 Kartoffeln abgießen und zu den Erbsen in den Topf geben.
Mit dem Kartoffelstampfer oder dem Stabmixer möglichst
fein zerkleinern. Mit Salz und Pfeffer würzen. Warm halten.

4 Die Nüsse in einer kleinen Pfanne ohne Fett bei mittlerer
Hitze anrösten. Butter dazugeben, den Zucker darüberstäuben und karamellisieren lassen. Auf dem Püree verteilen.

Clever variieren

Die Butternüsse verleihen dem Püree eine ganz besondere Note.
Sie können statt der Haselnuss- auch **Mandelblättchen** oder gehackte
Wal- oder **Macadamianüsse** verwenden.

Kürbis-Maronen-Püree

Herbstgenuss | *Zubereitung: ca. 1 Stunde 10 Min.* | *Garen: ca. 20 Min.* | *Pro Portion: ca. 320 kcal*

Für 4 Personen

400 g Maronen (Esskastanien,
   ersatzweise 250 g vakuum-
   verpackte, gegarte Maronen)
1,2 kg Hokkaido-Kürbis
1 Zwiebel | 2 EL Butter
1 TL Puderzucker
350 ml Gemüsebrühe (Instant)
2 EL heller Fruchtessig
   (z. B. Quitten- oder Apfelessig)
Salz | Pfeffer
Kürbiskernöl zum Beträufeln

Clever genießen

Extra fein schmeckt das Püree,
wenn Sie die Hälfte der Brühe
durch weißen Portwein und Sahne
ersetzen. Unbedingt probieren!

1 Den Backofen auf 180° (Umluft 160°) vorheizen. Die Maronen kreuzweise einschneiden, auf ein Backblech geben und im heißen Backofen (Mitte) ca. 15 Min. backen, bis die Schalen aufspringen.

2 Inzwischen den Kürbis entkernen, dünn schälen und in kleine Würfel schneiden (es werden ca. 700 g Kürbisfruchtfleisch benötigt). Die Zwiebel schälen und fein würfeln.

3 Die gebackenen Maronen von der Schale und der filzigen Haut befreien und klein würfeln. Die Butter in einem Topf zerlassen und Zwiebelwürfel und Maronen darin bei mittlerer Hitze glasig braten. Den Puderzucker darüber stäuben und karamellisieren lassen. Die Kürbiswürfel untermischen und 1–2 Min. mitbraten. Die Brühe angießen und das Gemüse zugedeckt in ca. 20 Min. weich garen.

4 Dann Kürbis und Maronen mit dem Stabmixer fein pürieren, mit Essig, Salz und Pfeffer abschmecken. Auf Teller verteilen und mit Kürbiskernöl beträufeln.

Knusprige Mandelröschen

ungewöhnlich kombiniert
Zubereitung: ca. 35 Min. | Pro Portion: ca. 250 kcal

Für 4 Personen

600 g Kohl (weißer und grüner Blumenkohl,
  Romanesco und/oder Brokkoli)
Salz | 3 Scheiben Toastbrot | 6 EL Butter
4 EL Mandelblättchen | 2 TL Puderzucker
Pfeffer | 1 EL Marillen- oder Quittenessig
(ersatzweise Apfelessig)
80 ml Gemüsebrühe (Instant)

1 Kohl waschen, putzen und in gleich große Röschen teilen. In einem breiten Topf Salzwasser aufkochen. Den Blumenkohl und Romanesco dazugeben und in ca. 6 Min. bissfest garen. Den Brokkoli nach 3–4 Min. mit ins Wasser geben. Dann das Gemüse in ein Sieb abgießen und eiskalt abschrecken.

2 Toastbrot entrinden und in kleine Stückchen zupfen. 4 EL Butter in einer Pfanne zerlassen. Das Brot und die Mandelblättchen darin bei mittlerer Hitze goldbraun rösten. Mit dem Puderzucker bestäuben und karamellisieren lassen. Salzen und pfeffern.

3 In einer zweiten Pfanne die übrige Butter aufschäumen lassen und die Kohlröschen darin kurz anbraten. Mit Essig ablöschen, die Brühe angießen und das Gemüse 1 Min. dünsten. Mit Salz und Pfeffer abschmecken. Mit den knusprigen Mandelbröseln überstreuen und servieren.

Marinierter Gemüse-Mix

mediterran | Zubereitung: ca. 30 Min.
Marinieren: ca. 30 Min. | Pro Portion: ca. 110 kcal

Für 4 Personen

2 Möhren | 100 g Zuckerschoten | 1 kleiner
gelber Zucchino | 4 Schalotten | 150 g Kirschtomaten | 1 EL Butter | 2 TL Puderzucker
Pfeffer | 150 ml Gemüsebrühe (Instant)
2 EL Olivenöl | 3 EL Balsamico bianco
Fleur de Sel (ersatzweise normales Salz)
30 Basilikumblättchen

1 Die Möhren schälen und in knapp 1 cm dicke und 5 cm lange Stifte schneiden. Die Zuckerschoten und den Zucchino waschen und putzen. Zuckerschoten quer schräg halbieren, Zucchino in ca. 2 cm große Würfel schneiden. Die Schalotten schälen und längs vierteln, die Tomaten waschen.

2 Das Gemüse (bis auf die Tomaten) in der Butter bei mittlerer Hitze glasig braten. Mit Puderzucker bestäuben und karamellisieren lassen. Pfeffern, Brühe angießen und zugedeckt 6–8 Min. dünsten. Die Tomaten untermischen, 1–2 Min. mitdünsten, salzen.

3 Den Topf vom Herd nehmen. Olivenöl und Balsamessig unterrühren und das Gemüse zugedeckt 30 Min. marinieren. Dann das Gemüse abschmecken und auf dem Herd lauwarm oder richtig heiß werden lassen. Auf Teller verteilen, pfeffern und mit Fleur de Sel und Basilikum bestreuen.

Bohnen-Tomaten-Gemüse mit Minze

mit Aroma-Kick
Zubereitung: ca. 20 Min. | Einweichen: ca. 12 Std.
Garen: ca. 1–2 Std. | Pro Portion: ca. 115 kcal

Für 4 Personen

200 g große weiße Bohnenkerne
150 g Kirschtomaten | 3 Frühlingszwiebeln
1 Knoblauchzehe | 4 Stängel Minze
2 EL Olivenöl
100 ml Gemüsebrühe (Instant)
1 EL Weißweinessig | Salz | Pfeffer
2 Prisen Zucker

1 Die Bohnen in einer Schüssel mit reichlich Wasser 12 Std. (am besten über Nacht) einweichen. Am nächsten Tag in ein Sieb abgießen, in einem Topf mit frischem Wasser bedecken, aufkochen und die Bohnen bei kleiner Hitze in 1–2 Std. weich garen.

2 Die Tomaten waschen und halbieren. Die Frühlingszwiebeln waschen, putzen und die weißen und grünen Teile getrennt in feine Ringe schneiden. Knoblauch schälen und durch die Presse drücken. Die Minze waschen, trocken schütteln, fein schneiden.

3 Die weißen Zwiebelringe und den Knoblauch in dem Olivenöl glasig braten. Tomaten dazugeben und kurz mitbraten, mit der Brühe ablöschen. Die Bohnen abgießen und unter die Tomaten mischen, 1 Min. dünsten. Mit Essig, Salz, Pfeffer und Zucker würzen. Minze und grüne Zwiebelringe unterrühren.

Gedünstetes Blattgemüse mit Ricotta

feinwürzig
Zubereitung: ca. 40 Min. | Pro Portion: ca. 125 kcal

Für 6 Personen

400 g Blattspinat | 2 Stauden Chicorée
1/2 Kopf Romana-Salat (ca. 400 g)
1 Zwiebel | 2 EL Olivenöl | 100 ml Weißwein
(ersatzweise Gemüsebrühe) | Salz | Pfeffer
Muskatnuss, frisch gerieben | 150 g Ricotta
2 EL Parmesan (nach Belieben)

1 Den Spinat gründlich waschen, trocken schleudern und verlesen. Dicke Stängel abzwicken, größere Blätter grob hacken. Den Chicorée waschen, putzen, längs halbieren und den Strunk keilförmig herausschneiden. Chicorée quer in 1 cm breite Streifen schneiden. Romana-Salat putzen, längs halbieren und quer in 2 cm breite Streifen schneiden, waschen und trocken schleudern.

2 Die Zwiebel schälen und klein würfeln. Das Olivenöl in einem großen Topf erhitzen und die Zwiebelwürfel darin glasig braten. Den Spinat dazugeben, mit Weißwein ablöschen und das Gemüse bei starker Hitze unter Rühren zusammenfallen lassen.

3 Chicorée und Romana untermischen und alles zugedeckt weitere 3–4 Min. dünsten, dabei ab und zu umrühren. Mit Salz, Pfeffer und Muskat würzen. Den Ricotta in kleinen Flocken unterheben. Nach Belieben Parmesan darüberstreuen.

Unsere Garantie

Alle Informationen in diesem Ratgeber sind sorgfältig und gewissenhaft geprüft. Sollte dennoch einmal ein Fehler enthalten sein, schicken Sie uns das Buch mit dem entsprechenden Hinweis an unseren Leserservice zurück. Wir tauschen Ihnen den GU-Ratgeber gegen einen anderen zum gleichen oder einem ähnlichen Thema um.

Liebe Leserin und lieber Leser,

wir freuen uns, dass Sie sich für ein GU-Buch entschieden haben. Mit Ihrem Kauf setzen Sie auf die Qualität, Kompetenz und Aktualität unserer Ratgeber. Dafür sagen wir Danke! Wir wollen als führender Ratgeberverlag noch besser werden. Daher ist uns Ihre Meinung wichtig. Bitte senden Sie uns Ihre Anregungen, Ihre Kritik oder Ihr Lob zu unseren Büchern. Haben Sie Fragen oder benötigen Sie weiteren Rat zum Thema? Wir freuen uns auf Ihre Nachricht!

GRÄFE UND UNZER VERLAG
Leserservice
Postfach 86 03 13
81630 München

Wir sind für Sie da!
Montag–Donnerstag: 8.00 –18.00 Uhr
Freitag:　　　　　　 8.00 –16.00 Uhr
Tel.: 0180 - 500 50 54*
Fax: 0180 - 501 20 54*
E-Mail: leserservice@graefe-und-unzer.de

*(0,14 €/Min. aus dem deutschen Festnetz,
　Mobilfunkpreise können abweichen)

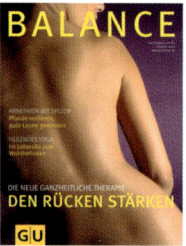

GRÄFE
UND
UNZER

Ein Unternehmen der
GANSKE VERLAGSGRUPPE